本书受江苏省社科基金（10EYC022）和江苏高校哲学社会科学基金（09SJB630021）资助

内部资本市场环境下的
企业资本预算研究

李文昌 著

江苏大学出版社
JIANGSU UNIVERSITY PRESS
镇 江

图书在版编目(CIP)数据

内部资本市场环境下的企业资本预算研究 / 李文昌
著. —镇江:江苏大学出版社,2014.11
ISBN 978-7-81130-845-7

Ⅰ.①内… Ⅱ.①李… Ⅲ.①资本市场－研究 Ⅳ.
①F830.9

中国版本图书馆 CIP 数据核字(2014)第 254076 号

内部资本市场环境下的企业资本预算研究
Neibu Ziben Shichang Huanjingxia De Qiye Ziben Yusuan Yanjiu

著　　者/李文昌
责任编辑/柳　艳
出版发行/江苏大学出版社
地　　址/江苏省镇江市梦溪园巷 30 号(邮编:212003)
电　　话/0511-84446464(传真)
网　　址/http://press.ujs.edu.cn
排　　版/镇江文苑制版印刷有限责任公司
印　　刷/丹阳市兴华印刷厂
经　　销/江苏省新华书店
开　　本/890 mm×1 240 mm　1/32
印　　张/7.5
字　　数/200 千字
版　　次/2014 年 12 月第 1 版　2014 年 12 月第 1 次印刷
书　　号/ISBN 978-7-81130-845-7
定　　价/32.00 元

如有印装质量问题请与本社营销部联系(电话:0511-84440882)

前　言

　　长期以来,资本预算理论的重心是对未来收益流的估计和确定合理的资本折现率,其本质上是一个资产定价问题。因而存在一个与之紧密相关的财务学问题:如何改善资本预算实践、加强对资本预算过程及其结果的经济分析,即如何将现代财务经济学深入组织内部,分析所建立的信息不对称和代理成本理论应用于资本预算,使资本预算能反映组织结构特性、管理者行为特性和公司财务结构特性。内部资本市场理论是20世纪70年代,组织经济学领域为深入企业内部,解释 M 型企业效率来源所建立的一种概念框架。尽管该理论长期以来被公司财务学主流研究所忽视,但它能很好地解释分权管理模式下公司内部资本配置的作用。

　　本书的研究基于资本预算和内部资本市场研究现状,强调资本预算是内部资本市场的核心功能;在此基础上研究资本预算动态价值模型及内部资本市场预算激励机制;最后围绕内部资本市场资本预算问题进行检验。本书研究的重点内容包括:

　　1. 建立了内部资本市场的制度(结构)—行为—绩效的理论框架,界定了内部资本市场概念及其与资本预算的关系。对其运行和控制过程建立了一个集成战略、公司治理和风险控制的整体分析框架,以厘清及提高内部资本市场效率和对投资机会的把握。这些研究将会成为内部资本市场规范和实证研究的基础。

　　2. 根据信息不对称和代理问题,构建了资本预算的动态模型,并在模型中引入了融资约束和代理成本;进而采用广义矩估计法(GMM)对融资约束和代理成本进行估计,并将估计所得参数用于对资本预算 NPV 法的调整,提出了一个改进 NPV 的资本预算方法。

3. 基于内部资本市场预算租金概念,从逆向选择和道德风险角度进行分析,建立了一个完整的内部资本市场契约分析框架,并证明了有效的内部资本市场预算控制对应的预算租金具有鞅性。

4. 借鉴 20 世纪 90 年代以来公司投资理论的 FHP 实证分析框架,本书实证检验结果表明,中国上市公司内部资本市场通过对融资约束和代理成本的控制,能提高内部资本市场的效率,但内部资本市场对长期价值贡献很小(存在多元化折价),这表明中国上市公司资本预算的代理成本较大;接着,本书采用了季度财务报告的资本预算数据,检验并证实了我国上市企业普遍存在一种特定的代理成本——软预算约束。

目 录

第1章 导 论

　　20 世纪后半期以来,现代公司财务理论得到极大发展,它以公司财务结构为分析对象,结合资本市场的效率研究,以金融市场的定价机制为基础,对公司理财实践进行经济分析。这一发展过程中,它不断吸收最新的经济学理论成果,形成了现代财务经济学的理论框架。但我们应该注意到:一方面,在 21 世纪的今天,公司财务实践采用的主要方法,依然来自于 70 年前公司财务理论创立初期所建立的方法,这表明:现代公司财务理论对理财实践方法的改进有限。另一方面,21 世纪的最初 10 年,就产生了两次重大的资本市场动荡,它们是 2002 年前后以安然事件为代表的财务丑闻风波、2008 年以来影响重大的美国金融危机。从表面上看,两次动荡显示了财务或金融理论在机制设计和风险预测上的不足;但深层次上,这暴露了现代公司财务理论的经济分析模式的缺陷,甚至来源于它所选择的经济学分析基础的偏差。因而,有必要回顾和评价现代公司财务理论的发展,指出其改进的方向和途径。

1.1　现代公司财务理论的起源——技术财务学的建立

　　现代公司财务理论关注的是所有权和控制权分离的公司制企业的财务行为,而大规模的公司制企业在 20 世纪初才出现。尽管此前就已存在资金(或资本)预算的财务管理行为,甚至有时资金规模相当庞大。例如：中世纪意大利的美帝奇家族就建立了相对复杂的资金管理模式；19世纪后期的摩根家族在华尔街市场的资本运作，甚至一度能替代美国中央银行的职能。但这些理财行为带有浓重的企业主或家族的个人色彩，尽管这些理财实践客观上影响了现代公司理财行为，但相对而言，它们都缺乏理论化的表述和能被公众接受的概念体系。

　　这一情况在20世纪初得以改变。一战前后，西方国家建立了大量所有权分散的公司，分散所有权和分离控制权的公司制企业成为财富创造的主体。公司制企业的外部融资渠道存在广泛的多元化，这促成了在微观经济领域内对公司融资结构和投资行为的分析。30年代的大萧条使多数公众认识到，公司制企业并不能完全由市场"无形的手"所自动驱使，那么如何规范资本预算、控制融资风险和使公司运作透明化？上述问题构成了现代公司财务理论的逻辑起点。1932年Bearly和Means对公司制企业管理者的激励失败做了开创性的论述，被后世认为是现代公司财务学理论框架重要的构建基石。但在当时，经济理论未能深入企业内部，公司财务的理论分析缺乏经济学分析基础。1933年Knight曾经结合当时主流经济学的分析范式，对企业的风险和利润进行系统论述；1940年Schumpeter在论述"企业家创造性破坏"时，也曾初步分析过公司制企业的资本构成。但客观上，新古典经济学还不能用于对企业财务管理实践活动进行解释。因而20世纪50年代以前，公司财务理论依然难以成形。此一阶段公司财务理论的重要目的是，对以前形成的财务管理方法进行系统化表述。大萧条促使社会公众关注公司的管理控制和财务行为，从而使公司财务管理实践的理论化成为必然，公司财务活动开始被规范化和原则化。1937年Williams出版了《投资价值理论》，1938年Dewing再版《企业理财政策》，针对以往指南性质的财务活动手册，逐步将其内容标准化和理论化。1951 年,美国学者 Joel Dean 出版了《资本预算》,最早提出了投资决策中的内部收益法;也就是同一年,Lutz 在《企业投资理论》中设计了投资项目决策的净现值法。1958 年 Hirshleifer 在《最优投资决策理论》一书中对资本预算的概念、方法、标准和原理不断完善。这些系列成果最终确立了现代公司财务最早的理论分支——投资决策学派。

二战之后,管理学的多种优化理论在财务管理实践中也得到运用,财务学建立了营运资本控制方法、财务预算方法。这些财务管理方法与投资决策方法一道,构成了现代技术财务学的主要内容框架。

1.2　公司财务理论的逻辑转向——MM 理论

技术财务学的建立,有赖于美国 20 世纪 30 年代实用主义哲学流行的大背景,财务学界领域立足于对企业财务实践活动的总结,规范现代公司财务的方法体系[①]。但随后对这些方法作进一步的理论解释时,却有了一次"华丽转身",将其构建在新古典经济学的分析基础上。从此以后,以经济分析为目的的财务经济学不断发展,慢慢代替了以财务管理实践方法为重心的技术财务学。

1.2.1　现代公司财务理论的基础

为现代公司财务理论建立经济学分析基准,要归结为

---

① 美国财务学会成立于 1954 年。为确定其研究内容框架,1954 年 Weston 在当时美国商业和经济研究局的资助下,对当时 59 家美国大型企业的高层会计和财务人员进行了问卷调查,总结出财务活动中除了会计(簿记)活动外,企业财务活动大部分集中于长期预算、资本支出和筹资决策活动。在此背景下,就实用主义而言,现代公司财务理论开始围绕资本预算理论构建现代财务学理论框架便是一个自然的逻辑。

Modigliani 和 Miller(简称 MM)的开创性贡献。为了解释投资决策学派的资本预算行为,MM 采用了阿罗—德布鲁的一般均衡分析框架,建立了资本市场的个体理性和市场有效性的假设;将企业价值管理、风险控制和融资行为都归结为股东追求财富最大化的目标;同时为使建立的模型符合新古典分析模式,MM 财务模型的构建放弃了对组织结构、市场战略和行业竞争的关注。最终,1958 年 MM 在其开创性的文章《资本成本、公司理财和企业投资》中,证明了 MM 命题:在有效资本市场中,投资行为与企业资本结构无关。

MM 命题被认为是现代公司财务理论的起点,因为 MM 理论的建立,为公司财务的研究提供了更正式的经济分析框架。框架的确立,将传统经济学对投资行为的分析转向财务学对资本结构问题的分析,确立了资本结构是现代公司财务理论的研究核心;但与此同时,MM 理论确认其资本结构研究的起点是资本成本,资本成本是联结并分离公司财务、资本预算和资本市场的关键要素。MM 理论确立之后,便有了财务学、金融学和投资学的分野①。在财务学领域,整个 20 世纪后半期,围绕对 MM 定理所限定的有效资本市场假设的质疑,对其推导过程中基于无税、无交易成本和财务困境成本等假设的修正,都构成了

---

① 在金融学领域,多数学者都将巴舍利耶(Bachelier)1900 年的博士论文《投机理论》作为现代金融学从经济学分立出来的标志之一。与金融经济学相比,财务经济学的形成则要晚得多,绝大多数学者将伯利和米恩斯的研究视为现代公司财务理论的源头,但现代财务学更具有开创性的起点,则来自于 MM 理论。其成熟大致在 20 世纪 70 年代中后期,结合 MM 财务理论,引入实证方法,结合组织经济理论,以系统解释企业融资行为和财务结构为目的。财务经济学其影响深远,包括 Grossman 和 Hart 在内的组织经济学家,在构建其企业理论时,都很自然地将其企业理论直接用于对企业财务结构和资本结构的分析。作为经济学的一个新的分支,Jensen 于 1974 年发起的财务经济学学术期刊《Journal of Financial Economic》可以说是组织经济学成长的一个重要标志。

现代公司财务学理论构建的主线。正如 Myers 在 1991 年所言:"MM 理论创立了一种新的公司财务管理理论——面向资本市场的理论(Capital-market-oriented theory),为现代公司财务理论奠定了基础,各种财务管理实践都是 MM 思想的现实表达。"

很自然,MM 理论用于分析资本成本的方法、所建立的分析模式也影响了金融学和投资学这些相关领域的研究。在 1958 年 Markwicz 建立的均值—方差分析方法基础上,金融学随后建立了多种金融资产定价模型(资本资产定价模型、期权定价模型和多因素套利分析模型等),实际上,它们都与 MM 所讨论的资本市场的效率假设和无套利方法密切相关。在 20 世纪 70 年中期,金融学所建立的各种规范和实证研究方法,反过来被广泛用于对公司财务问题的研究,公司财务理论的经济学分析模式更为系统,财务学也有了更正式的资本市场的表达视角,财务经济学已然成形。从此,公司财务理论被完全置于经济学分析框架下。这种建构途径,直接影响到随后 40 多年间公司财务学理论的发展方向和深度。

1.2.2 MM 理论研究的逻辑缺失

尽管 MM 为公司财务理论准备了经济学分析基础,财务学随后也围绕 MM 的系列假设展开,并不断完善财务学理论体系。但从目前来看,局限于对 MM 理论的假设展开研究,忽略了 MM 在构建财务理论的研究对象和研究视角的不足。MM 理论的研究缺失集中表现在如下三个方面。

(1)过分强调财务结构的重要性,忽略对企业投资行为和营运行为的分析。这种缺陷可以归结到 MM 理论研究对象的选择偏差。以 MM 为核心的现代公司财务理论,人为地割裂了投资问题和财务结构的关系,长期以来,公司投资问题不能进入现代公司财务理论的主流。一个明显的后果是:尽管公司财务理论的经济分析方法有了长足发展,但即便在 21 世纪的今天,总结于上世纪初的资本预算方法,在现代公司财务管理实践中依然广泛使用。资本预算和资本支出决策方法的改进,是现代企业理财实践迫切需要解决的问题,却被 MM 理论放弃了。而将公司投资问题与资本结构问题相关联的研究,直到 20 世纪 90 年代才得到重视。

(2)建立股东财富最大化的财务目标,掩盖了差异性偏好带来的治理和控制问题。适应经济学的效用分析模式,MM 建立了"股东财富最大化"的财务目标,此时,投资行为、价值管理、风险控制和资本结构统一于这个简化的财务目标。实际上,如果我们追寻 MM 的理论逻辑,会发现其存在一个关键问题:在"阿罗悖论"看来,公司存在分散的所有权结构时,利益相关者对投资行为、价值管理、风险控制和融资结构的偏好不可能完全相同,此时会带来公司财务决策的困境。但 MM 这样描述其处理方法:"对于不同股东偏好权衡的困难,效用理论似乎也无计可施,幸运的是我们可以回避这个问题,而交由资本市场决定,如果某种融资渠道能增加股东股份的市价,说明资本成本小于投资的边际收益,而股份的市价则可以完全交由一个完美的资本市场来确定。"偏好差异会带来一系列的治理和控制难题,这是资本市场所提供的血的教训。可惜的是,一个被 Bearly 和 Means 在 20 世纪初就提出的问题,却被 MM 丢给了"完美资本市场"!

(3)MM 财务学模型放弃了对组织结构、市场战略和行业竞争等结构性要素的分析。这种缺陷的形成原因,与前述财务目标的建立具有类似性,放弃这些理财的实践要素,是为了进一步巩固无套利方法的运用基础,简化其分析方法。这种简化虽然有利于对金融市场的宏观分析,但严重削弱了财务学理论的解释力,在实证财务领域表现更为明显:众多财务学模型建立的分析结构与实践情况相差很大,甚至是完全相反;而且对同一问题采用不同的财务学模型所得出的结论有时互相矛盾。这些矛盾一定程度上是由于这些财务学模型放弃了实践中的结构要素而造成的。忽略组织、战略和行业结构的分析,导致了一个很现实的问题:在理财实践领域,财务管理方法的创新严重不足,因为一种实践方法总是依赖于其组织结构特征、市场结构和竞争环境。

1.3 公司财务理论的发展——行为财务学的演变

MM 理论所确立的经济分析框架,是随后的公司财务理论的发展基础。之后的公司财务学分支众多,其中大部分内容是与 MM 理论直接有关,针对 MM 的效率资本市场、无所得税、无交易成本、无破产成本等假设条件的修正,但这些理论研究只是修补了 MM 的资本结构模型,而不可能从根本上解决 MM 的缺陷,因而它们也被归结为旧资本结构论①。从方法论而言,这些研究主题的变化,并没有改变财务学的新古典研究范式。财务学研究范式的第一次转变,来自于信息经济学理论的引入,关注管理者和公司主体的行为分析,在此基础上建立了行为财务学范式 ②。

---

① 这一类问题为旧资本结构理论,是相对基于信息经济学构建的新资本结构理论而言的。

② 当前的公司财务理论中,对行为财务的理解存在偏差,只是局限地将行为财务学简单对应于"非理性行为"的存在。但在更广泛的意义上,与管理者机会主义对应的代理成本,以及公司主体对资本市场"理性反应"的理财行为,都是建立在理性基础上的行为分析。理性分析和非理性分析,都是基于对行为的分析,而传统技术性财务则忽略了对主体行为动机选择的缺陷。因而在归结行为财务学时,更相信行为财务学也应该包括理性行为分析的内容。

1.3.1　行为财务学的理论发展

财务学理论范式的第一次转变开始于 20 世纪 70 年代。信息经济学在 70 年代形成,很快地就被用于对公司财务问题的分析。此时,关注信息不对称的存在,主要以代理成本视角的代理理论、信号效应的公司市场行为理论,以及近期建立于行为经济学上的非理性行为财务理论。

（1）契约性行为(代理成本)理论

Jensen 和 Meckling(简称 JM)整合当时经济学的产权理论、代理理论和财务理论中已关注的所有权结构理论,发表《企业理论:管理者行为、代理成本和资本结构》。这种范式的构建,迎合了当时企业理论的建构途径:发展组织经济学以重建企业理论的研究思路。由于当时企业的委托代理理论已经出现,并形成了规范的分析框架和理论体系。JM 引入了代理成本这一概念,以表明理性管理者的机会主义行为。但实际上,由于 JM 的代理成本同科斯的交易成本概念类似,其本身的度量难以把握,尽管其目的是为公司财务的实证研究提供分析基础,但代理成本用作实证研究的可操作性,反而不如以后的其他实证财务理论的检验来得容易,因而更多地被用作规范研究的理论基础。为此,Jensen 建立了自由现金流的概念,以进一步明确其代理成本的表述形式,在 Jensen 看来,成长机会并不是很好的公司过多地持有现金时,极有可能是管理者实现自利行为的一种方式和途径。尽管自由现金流本身也存在度量的困难,但相对而言,它是一个比较综合的代理成本度量因素,此后财务学的诸多代理理论的实证研究,基本沿袭了 JM 的思路,分析企业财务的代理行为构建代理模型,寻找代理成本的实证变量展开研究。

（2）投机性行为(市场信号)理论

本书采用"市场行为"的说法,目的是想归总一类财务理论,这类财务理论与代理理论不同,后者用于分析管理层的个体行为,前者分析的对象则是公司整体行为,尽管在分析行为动机时,前者也以管理者个体行为为基础,但从研究模式来看,更多的是分析公司整体层的行为动机和影响结果。国内外目前归为信号理论、融资优序理论和公司控制权市场理论等的多种财务模型,都可以统一于"市场行为理论"这一分析框架下。

1972 年 Spence 建立了信息不对称理论用于经济分析,随后财务学以不同的方式吸取了这种经济理论,用于对财务结构和融资行为的分析。与 JM 代理成本模型主要关注"管理者机会主义"的事后信息不对称(道德风险)不同,市场行为理论更集中于财务结构和财务行为本身,针对事前不对称信息的影响(逆向选择),而且其分析对象也更多地针对企业层面。其微观分析的基础是信息不对称、财务结构和财务行为与企业业绩的关系。其解释的对象依然是 MM 理论的中心问题——资本结构。其中,1974 年 Lyland 和 Pyle 在《不对称信息、财务结构和金融中介》中首先建立了公司财务的信号分析模型。其后的信号模型则是对不同财务行为(或信号)的具体延伸。其他信号涉及公司股票回购、可转换债发行、股利发放等。信号理论所演变的各种分析模型经常使用事件研究法(Events study),即通过观察特定财务行为(信号发送)对公司业绩的影响,在此基础上,研究公司财务结构和财务行为的优化政策。信息不对称之于公司财务理论的系统化表述是 Myers 和 Majiluf 在 1984 年建立的融资优序理论,融资优序理论对此前形成的代理模型和信号模型进行综合,将信息不对称理论用于对资本结构的解释,进而将企业资本结构的决策行为作为财务信号,因而优序融资理论具备财务理论的高度综合性,同时具备对现实理财实践解释的直观性。此后,公司财务的市场行为理论在信号理论上做了一次突破,信息不对称理论被用于解决公司并购行动,建立了公司控制权市场理论。

（3）非理性行为理论

公司财务的非理性行为理论的建立,是行为经济学和行为金融学的产物。Simon 在 1947 年发表的论文中正式描述了市场或组织内个体心理对行为和绩效的影响。但在很长一段时间内,组织经济领域的行为研究并没有被公司财务理论所吸收,主要原因在于非理性行为缺乏经济分析理论,得益于实验经济学的发展和期望理论的建立,以及对"有效市场假说"的持续质疑所发展起来的分析方法,非理性财务学开始有了研究基础。非理性财务学与此前的代理理论和市场行为理论相比,存在诸多共同之处,有同样的信息不对称基础,分析的对象是投资行为和融资结构的优化。两种方式的主要区别在于,后者对应的是管理者个体和公司主体的理性,因而在研究思路和研究视角上与前者存在差异,同时在效用偏好上的选择与传统的效用理念上存在差异,非理性行为财务要对公司个体和管理者的行为动机进行更深入的分析,以确定偏好的结构。

对公司财务的非理性行为分析而言,目前并没有形成公认的理论模型和检验方法。当前,面向资本市场的行为金融关注投资者的理性和非理性及资本市场的理性和非理性,其研究有了较为成熟的分支。因此,现阶段对公司财务的非理性行为的研究,主要是借助行为金融的研究方法,并为非理性行为财务建立了三种分析对象:一是理性的管理者如何运用非理性的资本市场,采取价值最大化的财务行为;二是非理性的管理者对理性（或非理性）的资本市场,如何决定和实施其财务政策;三是如果选择非理性的公司主体在理性（或非理性）资本市场上的行为。但是严格讲来,其中第一项不应构成公司的非理性财务学的内容,其对象还是理性管理者对市场套利机会的综合运用。在方法论上,行为金融建立了大样本的研究方法,而对公司财务而言,非理性行为与企业个体特质密切相关,大样本研究的方法未必适合,因此在研究方法上需要一次突破。

1.3.2　行为财务学的主要贡献和缺陷

（1）主要贡献

20 世纪后半期,关于现代公司财务理论的研究硕果累累,但客观上讲,只有其中的 JM 理论最有资格与此前的 MM 理论比肩。一方面,JM 拓展了 MM 的资本成本的分析核心,建立了代理成本分析模式,为随后对公司财务的分析准备了一个新的建构基准和检验途径。作为公司财务的主流理论,代理成本的概念被其他主流的公司财务学理论所继承①。而且 Jensen 本人极力提倡将公司控制权理论建立在代理成本控制的基础上。另一方面,JM 建立的实证财务也同样是一项伟大的开拓。1976年 JM 在建立其代理成本的概念时,明确表明:"我们的代理成本的研究思路与标准委托代理理论不同,后者是以设计最优合约的规范研究,我们构建代理成本这一概念,目的是为分析代理成本形成的决定因素,以用作财务理论的实证研究。"就对理财实践的检验这一角度而言,此一时期公司财务的研究与早期的投资决策学派的动机一致。同时,代理成本理论也成为 20 世纪90 年代以来,公司治理理论的建构基础。

公司的市场行为理论的发展,也为现代财务学做出了重要的贡献:它带回了被 MM 放弃的组织结构和市场结构因素。市场行为财务理论建立了系列财务模型,这些模型与代理成本模型一样,更多地关注公司财务的实证领域。正是这些实证研究,

---

①　按国内财务学家沈艺峰教授的总结,现代公司财务理论主流包括优序融资理论、信号理论、自由现金流量假说理论及公司控制权市场理论。基于信息经济学研究行为的特性,本书将这些理论归入信号理论、代理成本理论、行为财务理论,并视为三者可以统一在一个行为分析的框架下,信号理论是公司行为的信号反映,代理成本理论与理性的管理者机会主义有关,行为财务则与非理性的管理者行为有关。

在纠正 MM 理论缺陷方面起了相当重要的作用：在围绕股利发放、资本结构调整、多元化、并购剥离、公司治理的相关研究中，这些实证研究陆续带回了被 MM 放弃的组织结构要素和行业竞争因素。这些研究发现乃至直接促成了整合组织结构要素的委托代理模型的出现。

公司财务的非理性行为财务，则是公司财务分析视角上的一次重大突破，它将行为经济学的研究方法，引入对公司财务行为的研究，其效用分析模式继续得到深入，成为代理理论有力的补充，是对"理性的机会主义"在非理性方面的扩展。非理性行为财务的引入，将会改变对传统公司财务运行基础的分析，公司财务政策的分析基础也更为完整。

（2）行为财务学理论的主要缺陷

JM 理论体系在主流的财务学理论体系中占着支配地位。但它存在一个方法论的逻辑缺陷：在没有构建规范的财务学委托代理模型前，过多地围绕代理成本展开作实证检验。正如上述 JM 建立其代理成本理论的动机所述，其代理成本理论从建立伊始，就被定位于代理成本的实证研究。而实际上，在 70 年代中后期，委托代理理论本身处在发展之中，它在财务领域的应用并不成熟，代理问题的规范研究并没有充分展开，也没有形成正式的委托代理财务模型。此时，围绕代理成本展开实证解释，似乎有点过于超前。直接后果就是：尽管随后的财务学模型陆续建立，且多数与代理问题有关，但如果缺失核心的委托代理模型的建构基础时，这些模型的命题假说和检验结果支零破碎，冲突颇多。甚至 Jensen 本人构建的一系列代理成本理论中，前后期也存在不同的理论，其结论直接相悖。

行为财务学偏重实证的研究特点，注定了它不可能从根本上纠正 MM 理论的缺陷。MM 理论的规范模型依然不能得到有效的改进；对 MM"股东财富最大化"财务目标的缺陷，依然没

有很好的理论改进途径和政策实施效果。这一缺点体现在 20
世纪 90 年代以来的公司治理的研究中。公司治理理论来自于
BM 命题,在引入 JM 的代理成本分析框架后,在政策实施层面
上有了较大的改进,但公司治理缺乏一个规范的理论模型支持,
哈特和霍尔姆斯特的产权模型依然是沿袭了 20 世纪 30 年代
BM 建立的所有权和控制权分离的业绩分析方法,而没有很好
地用于公司治理模式的构建。因此,最近 10 年来,资本市场连
续暴露出问题,公司治理研究的缺陷极为明显。

公司财务理论在制度和行为上取得了突破,使多数财务经
济学家认为,在过去的 20 年里非理性行为财务理论可以比肩
MM 时代和 JM 时代。但客观上讲,以与制度分析有关的公司
治理理论为代表,它们只是对传统财务理论在制度分析上的实
证拓展,是代理问题的研究延伸;而就行为财务学而言,到目前
为止它在运用行为经济学的方法方面进展并不明显,甚至在公
司财务学理论建构中的发展方向和方法上还并不明确。

经济分析方法在财务学中得到应用后,便将传统的技术财
务学,经由新古典途径,引到了行为分析的行为财务学。尽管当
前行为财务学的发展还处在一个不断自我完善的过程,也越来
越重视财务理论的实践因素和财务政策的应用层面,但从上述
理论演变的回顾,我们应该看到:一方面,当存在财务学理论研
究的"路径依赖"效应时,目前的财务学理论在财务管理方法方
面,依然远远不够;另一方面,资本市场的周期性动荡确实表明
了就经济解释能力而言,当前财务学的经济分析范式存在偏差。
未来公司财务理论的发展要针对这种偏差,拓展方法论视角,深
入组织内部进行经济分析,围绕新制度财务学的建立展开。

1.4 公司财务理论的发展途径——新制度财务学的建构

目前的学术界对新制度财务学并没有一个统一的界定方式,但注重对财务制度的经济分析应该是一个基本的建构标准,同时,财务制度构建又是其经济分析的基础和目标。事实上制度建构从 20 世纪 50 年代就已经开始,这时期的技术财务学已经成熟,管理领域也形成了许多成熟的管理控制理论。此时,立足于对这些管理决策方法的运用,财务管理在制度建设方面取得了较大的进展。在多种管理理论的支持下,围绕财务目标的实现,财务学不断规范其管理模式,建立了预算制度、营运资金管理制度、风险控制制度等多种财务管理制度。笔者称这种立足于技术性财务、以制度建设为重点的财务学为旧制度财务学,它是对技术财务学的补充。

而正在发展中的新制度财务学,则有别于这种以制度建设的财务学体系,转而立足于对财务实践的制度分析,即通过不同财务制度的经济分析,寻找最优的财务管理制度。新制度财务学的整体逻辑表现为:重新审视新古典的公司财务目标,对财务管理的制度进行比较分析,并进一步将制度置于组织网络、社会资本和伦理道德范围内展开研究。在这种发展方向下,需要审视新制度财务学的运行基础、分析对象和分析方法。

具体说来,要构建经济分析视角的新制度财务学,一方面,要能整合自 MM 理论以来的财务学理论分支,有效弥补财务经济学发展过程中的缺陷,针对 MM 理论以来财务分析的要素缺陷,采用后结构主义途径,重构公司财务的经济分析模式,规范新制度财务学的运行基础。另一方面,在组织理论的支持下,确立完整的制度分析对象,针对行为财务学效率资本市场假设的缺陷,建立对企业的内部资本分析模式,完善新制度财务学的分析对象。最后,针对当前公司财务理论在政策和实施层面的缺陷,要完善和创新其制度分析方法,此时,要进一步揭示理财行为的动因,同时要建立财务政策的公司政治分析维度。

1.4.1 融合公司投资与财务结构的研究,完善新制度财务分析的运行基础

新制度财务学的建立,要有一个制度分析的经济分析框架。必须要确定公司财务的运行基础,这种运行基础是制度分析框架的前提,是制度分析的一个概念框架,这种概念框架在现代公司理论看来,就是指其公司财务的整体模型。MM理论带来的深远影响之一,是公司投资(资本预算)问题在公司财务理论中被边缘化,公司投资决策问题及与之有关的价值创造的不确定性和风险控制问题从此被冷落。尽管随后建立了代理分析视角,分析投资的行为特性,但JM的代理问题分析框架更多涉及的只是所有权与控制权分离结构下的相机(Contingent)激励结构,而依然回避价值创造的不确定性。这一问题在现实中的表现就是:公司财务理论蓬勃发展,但多数公司的资本预算方法依然失效。

对这一困境的解析,应该被定位于如何构建统一的财务学分析范式。当前,构建相对统一和规范的财务学分析范式,变得越来越重要,库恩在定义"范式"时强调其公认和普遍可授受性。现代实证财务经济学为公司财务理论建立了诸多问题分支,但如果没有一个统一的财务学分析范式,会使人觉得其研究体系过于支零破碎,其结果有时也大相径庭。某些一度活力十足的融资模型会在短短几年后就被证伪。对此我们赞叹实证财务学威力的同时,也不得不承认:诸多公司财务模型的确缺少一个规范的理论基础。MM的无套利模型和JM的代理成本研究都曾经令人刮目相看,但前者的理论模型更多地用于金融市场,后者

则从一开始就被 Jensen 定位于经验数据的检验,融资优序模型也同出一辙。因而现代公司财务理论需要一个相对完整的规范性分析基础。2006 年 Tirole 试图建立公司财务理论的统一分析框架,将目前绝大多数的实证公司财务学的内容,重新用委托代理模型进行规范性的表述,这是一个艰难的尝试,但也确实是一个可期待的途径。

财务经济学要统一其规范性研究基础,目前看来,存在一个关键的核心问题:由于 MM 理论将投资问题和财务结构问题割裂,如何弥补这种割裂带来的深远影响?实际上,进入 20 世纪 90 年代后,财务学家也认识到割裂投资和融资的研究存在缺陷。因此,基于对投资失效的分析及对资本预算方法的反思,他们开始重新重视公司投资的研究。但由于此前近 40 年的研究偏差,公司投资的研究方法存在严重缺陷。一段时间内,期权方法颇受关注,但后续研究表明,期权方法与传统的财务结构理论很难有机连接,难以在此基础上构建公司投资和财务结构的统一模型。从目前的研究看,财务研究依然不得不从新古典的投资模型中寻求支持,而这主要依赖于 60 年代的 Jorgenson 公司投资模型。基于 Jorgenson 投资模型及其随后在动态分析方法上的发展,White 立足公司投资问题的研究,并较好地融合了现代财务结构理论。2007 年 Demarzo 和 Sannikov 建构动态资本结构理论时,也是基于对公司投资模型的研究,其系列命题表明,投资对应的价值途径在很大程度上决定了对财务结构的决策结果。

从目前看来,只有将公司投资和资本结构组合研究,才能真正将投资分析、价值管理、风险控制和企业融资相统一,建立真正的公司财务学经济模型。有了完整的分析框架,财务管理实践方法的改进也就有了一个切实的基础,才能合理确定新制度财务学的分析运行基础。但到目前为止,上述这些整体研究方法(包括前述 Tirole 用委托代理模型重构公司财务理论),只是被少量的数理财务学家所关注,这些方法能在多大程度上被用于改进当前主流的实证财务分析框架,依然需要进一步的研究来明确。

1.4.2 重构内部资本市场理论,建立新制度财务学的制度分析载体

与组织理论对应的科层制度的经济分析,是新制度经济学的起点和重要对象。一直以来,由于受 MM 理论的影响,现代公司财务理论的构建放弃了对组织结构、市场战略和行业竞争等结构性要素的分析。这些要素是企业价值管理的基础,MM 放弃这些要素的目的在于构建简化的无套利方法,但随后几十年的研究,尽管意识到组织变量的重要性,但在研究中却依然忽略企业环境和结构因素,实在令人费解。1992 年 Fama 建立三因素模型,指出组织结构的规模要素之于价值效应的重要性,一经推出便受到热捧,这在一定程度上反映了财务理论深入企业内部的必要性。

实际上,公司财务研究深入企业内部分析,在 Fama 之前的 20 年就已有之。在 20 世纪 70 年代,随着现代企业理论的形成,组织经济学领域建立了内部资本市场的概念①。此后,1985

---

① 1974 年 9 月,在宾夕法尼亚大学举办的一次协会上,诺贝尔经济学奖得主 Spence 试图建立"内部组织的经济学"(Economics of internal organization)这一概念来表明新古典经济学方法深入到企业组织的内部研究,他甚至这样定义内部组织经济学:内部组织经济学这一名称是替代旧的"企业理论"(The theory of the firm)这一叫法而产生的新词汇。在该同期刊号上登载了多个关于内部组织的经济学分析的相关文章,他们分别试图建立"内部产品市场"(Arrow)、"内部劳动力市场"(Radner,Wilson)和"内部资本市场"(Williamson)的理论研究框架。

年 Williamson 继续强调纵向一体化企业中内部资本市场的存在①。由于 Williamson 建立了内部资本市场理论的组织结构基础和交易成本分析法,而这两者恰恰是运用公司财务理论对内部资本市场理论进行分析的关键环节,Williamson 的分析模式为内部资本市场理论奠定了基础,直接影响着后续相关内部资本市场理论研究的发展。

从随后的内部资本市场理论的发展看来,这个分析概念的建立一开始就处于一个比较尴尬的地位:一方面,由于内部资本配置、组织结构背景及内部资金"定价"模式的影响,宏观经济领域对这种"市场"结构缺乏重视。尽管组织经济学目的在于揭示组织制度对组织运行的影响,但这种组织和制度分析建立在产权分析的基础上,而后者则是采用所有权和控制权的二分法,并未真正深入管理者控制权的结构性分析,尽管机制设计理论随后建立多层次的委托代理模型,围绕管理控制权的分散,试图设计合理的激励机制,但作为财务资源的内部资金本身的特殊性,其相应的"剩余控制权"和"信息租金"依然辨识含糊,市场化的治理机制难以实现。"另一方面,对微观的公司财务而言,尽管 Mayers 和 Majiluf 的融资优序理论试图表明内部资本的重要性,但它随后被定位于对公司财务主流的资本结构理论修正,忽略了财权配置的组织结构和管理者行为分析。由此看来,在针对组织层面时,现阶段的内部资本市场理论并没有很好的分析框架。

尽管存在这些困境,但内部资本市场理论对于现代公司财务的重要性,在 20 世纪 90 年代得到重新认识。从 90 年代开始,现任美国金融学会主席 Stein 对内部资本市场进行了一系

---

① 不同于早前的经济史学家及阿尔钦等人只强调"内部资本的重要性",Williamson 将内部资本市场直接与 M 型组织对应,将内部资本市场视为 M 型企业效率的动因。

列规范性的研究,重新演绎了内部资本市场理论。此后,财务学界开始认识到,从规范研究而言,内部资本市场理论直接对应于企业资本预算选择和配置机制,能很好地整合传统的投资模型,建立委托代理分析模式;直接针对特定的组织结构、考虑了企业外部资本市场和产品市场的竞争;从实证研究而言,内部资本市场理论也能被广泛应用于公司并购、多元化等财务实践活动的经验检验。

内部资本市场理论具备上述研究特点,表明它在弥补 MM 理论的重要缺陷建立公司财务理论时,具有很强的针对性。一方面,MM 理论之后的现代公司财务理论,严重依赖于效率资本市场假设,但金融危机暴露出资本市场的效率假设存在许多困境,融资优序理论也在事实上揭示了内部资本更为重要。如此一来,随着目前企业运营模式的变化导致"边界"越来越大时,内部资本的治理途径将会越来越重要。另一方面,MM 理论之后的现代公司财务理论,既忽略了组织结构、市场战略和行业竞争的影响,也忽略了货币资本、资源性产品及智力资本等的内在联系,财务方法和财务政策的执行力大受影响。内部资本市场理论的建立,对现代公司财务对效率资本市场的依赖,对组织内结构性要素和竞争性要素的兼顾,有可能成为现代公司财务理论重要的一个系统框架。

适应公司投资和财务结构的综合分析,完善内部资本市场,在企业层面建立内部资本配置分析模式,建立一个公司财务的组织分析框架,将有可能是未来公司财务学理论和理财实践紧密结合的一个关键环节,新制度财务学的分析对象更为系统,与新制度经济学也会有一个更为紧密和有效的理论衔接。

1.4.3 分析财务政策的行为特征和权力结构,完善新制度财务学的方法

对公司财务理论而言,综合资本支出、运营管理和融资结构

的研究,建立完整的企业财务模型,才能完善新制度财务学的运行基础;进而建立与外部资本市场对应的内部资本市场分析框架,进一步明确制度分析的对象。这两者只是确定新制度财务学的对象环节。新制度财务学更为关键的是,要建立对这些视角建立相应的分析方法。当前行为财务学构建的代理成本、非理性效用的概念,以及与之有关的"信息效应""节税效应""垄断效应"和"帝国效应"等假说模式,为新制度财务学提供了诸多的制度分析方法。因而,当建立一个基于组织理论的公司财务分析对象后,在新制度财务分析方法体系中,这些分析模式依然会成为其重要内容。但新制度财务学更需要一些有效的方法,用于分析在科层内部(内部资本市场)的行为和权力,以分析和改善公司的财务政策。为了完善公司财务政策的分析和应用,新制度财务学要进一步扩展制度分析的范畴,同时要引入对制度有效的公司政治分析。

(1)公司财务政策的实施特性的分析

制度经济学研究方法的典型特点是在制度分析框架下,从长期动态的变迁角度对制度的内容和作用去思考。在这一层面下,公司理财的制度和行为都是个体意识的产物,意识产生信念,进而由信念催生制度和行动,对财务政策的个体行为特性的研究,是未来新制度财务学所应关注的重点。这一点,新制度经济学家诺斯引入了政策实施特征的分析维度,在诺斯看来,制度是由正式规则、非正式的行为规范和实施特征三部分组成,其中的实施特征长期被新制度经济学研究所忽视。因此,分析公司财务政策的实施特性,要建立特定的行为测定方法,从多期、动态和个体特性几方面展开,深入展开对公司财务方法和政策的实施特征。例如,费舍尔通过实验法验证了:在单期和多期两种不同预算环境下,管理者的行为效应不同及其影响程度迥异。

通过类似的实验分析方法,能对公司理财的个体和群体的行为特性进行深入研究,进而对政策的实施特性进行分析。未来的新制度财务学,要在这种基本途径下,引入社会学、心理学的理论,深入组织内部展开研究,此时,价值网络、智力资本、社会资本乃至伦理道德观等新制度财务学的分析维度,才会有一个切实的效用测定和评价基础。

(2) 公司财务政策的政治权力的分析

公司财务政策受制于资本市场的总体运行效率,这是现代公司财务研究的核心观点之一。在新古典视角下,有效资本市场与信息效率和信息透明度密切有关;在制度视角下,有效资本市场与"非理性人"所处的制度环境和行为特性有密切关联。因此,围绕信息效率、制度环境和行为特性的分析,制订财务政策,并选择理财方法,这依然会是未来一段时间内公司财务政策研究的基本分析模式。但从资本市场连续显露危机来看,财务政策研究采取这种分析远远不够。公司财务政策要引入政治分析,要引入政治经济学的理论框架。

现有公司财务的政策措施建立于新古典和新制度框架下,此时,它们只能被视为可行的技术手段,而当它们受公司政治和权力结构影响时,未必有效。金融危机对资本市场最大的启示在于:效率资本市场远不只是信息透明度(不对称)问题,它同样受权力结构和政治势力的影响。公司治理的信息透明度和治理结构的设计,远不能解决资本市场的潜在危机。因为,这些治理机制的设计,本身受政治势力的影响。例如,会计准则的制订,事务所从业范围的限定,一直就受利益集团的政治影响。

将政治权力结构的分析引入公司财务政策的分析时,要注意到现有财务学理论在区别行为人的"理性"和"非理性"时,公司政治、组织结构和权力结构会有动态变化,这种动态变化会导致行为人在理性和非理性之间的转换,导致财务政策具有不同的执行效果;这种公司权力进程的动态效应,会对建立于"理性"

或"非理性"基础上的财务模型产生很大的影响。

1.5 研究框架

1.5.1 资本预算——现实的切入视角

本书的研究结合内部资本市场和预算行为特性展开研究，标准教科书强调资本预算净现值法（Net Present Value，NPV）重要性的同时，也指出其在实践中存在的问题。1951 年 Lutz 在总结出投资决策的净现值法后不久，Gordon 于 1955 年就指出其缺陷并加以修正，同时预言**"不久的将来会形成计量资本支出带来的质量改善、工作条件改变、战略集成的预期收益变化的理论和方法，并将其用于资本预算模型中"**。但很显然，资本预算理论和方法的发展现状表明 Gordon 的预言未成现实，公司投资（资本预算）理论依然缺乏对企业内部资本配置行为的深入分析。

企业的成长发展需要不断的资本投入，因而需要合理的资本支出决策方法。自 Gordon 建立了标准的资本预算净现值法后，这种方法就一直沿用至今，当前的资本预算并未能有效分析和解决 Gordon 预言所指出的问题。而与此同时，现代财务经济学（Financial Economics）逐步发展成熟。自 Modigliani 和 Miller 提出 MM 理论以来，财务经济学与时俱进，吸收了现代经济学各个阶段的最新理论，建立了众多的公司财务主流理论，财务经济学已然成为微观经济理论中最热门的分支之一。

资本预算方法的"停滞不前"和财务经济理论的"高歌猛进"形成了强烈的反差。那么是否应该把这种反差理解为资本预算方法和财务经济学理论的"不相关性"，从而把希望寄托在下一个 Lutz 或 Copeland 的出现[1]？这种思路显然不太现实。前美国金融学会主席 Stulz 认为："我宁愿相信只是我们还没有把现代公司财务理论很好地应用于资本预算的教学和实践中，而不是因为公司财务理论和资本预算实践的不相关[2]。"

    资本预算为什么会在运用财务经济学的最新理论上脱节？这在一定程度上与财务经济学建立的背景有关。MM 理论奠定了现代公司财务理论基础，它采用的是新古典经济学的分析思路，该方法的基础是市场套利的均衡分析，在此后相当长一段时间里，财务经济学理论的建构忽略了企业组织结构、公司战略及其他管理属性。因为在 MM 等人看来，这些"内部配置"是追求财富最大化的企业组织的不二选择，会自动实现，因而公司财务理论的经济分析内容主要是对融资行为和财务结构问题的研究，公司投资（资本预算）顶多算是一个科学管理的问题，远不构成公司财务理论的主流。最先作为公司财务理论构建起点的资本预算理论，却被排斥在现代公司财务理论主流之外。20 世纪70 年代关注公司内部的组织经济学逐渐兴起，促成公司财务理论重新审视组织结构、公司战略和行业特征等对财务行为的影响。其中 Williamson 运用内部资本市场（Internal Capital Market，ICM）的概念分析特定的组织结构对投资行为的影响；Jensen 和 Meckling 则关注组织内的激励和所有权结构对财务结构的影响；80 年代末，Fazzari 等人建立了资本支出的实证框架，财务经济学开始重新关注公司投资问题；90 年代，Gertner，Scharfistein 和 Stein 综合了信息不对称和代理理论，不仅将其

[1] Copeland 在《管理会计兴衰史》中断言"由于当今的成本信息与决策不再相关，管理会计已经死了"，并创造了围绕平衡计分卡的新的管理会计业绩度量办法。

[2] 引自 Stulz 在获得美国东部金融协会学术奖时的演讲"What's wrong with modern capital budgeting?"。

023

用于对公司资本预算决策的分析,而且将这种分析纳入内部资本市场分析框架。至此,财务经济学实现了资本预算理论的回归,而内部资本市场理论有可能成为资本预算理论的理想载体。

另一方面,随着现代资本结构理论建构的成熟,近期财务经济学出现了将公司投资与融资理论相结合的研究趋势。而此前的现代公司财务理论认为公司投资相对于财务政策而言具有外生性(exogenous),即公司投资与资本结构能够相对独立,而现实中的财务决策却往往面临投资的信用约束,这种现状促使投资与融资的关系研究成为必要,加之 FHP 实证检验方法带来与公司投资有关的"投资—现金流敏感性"争议。因此,20 世纪 90年代以后公司财务学的投资理论在研究视角上有所转移,将此前的公司金融(财务)主要面向金融市场的企业权益(债权及股权)定价,转向了对公司投资问题的本身,引出了一个重要问题:"公司投资的动因是什么?"一直以来财务学及管理学理论都认为答案是公司具有比较好的成长能力和盈利能力。尽管 Jensen指出:由于自由现金流量的存在,企业投资行为存在代理成本,但此后一段时间内,这种代理成本的分析框架并没有更多的实证支持①。源自 Farria 等人的研究,公司投资的实证研究却发现:当用企业资本支出、投资机会②和现金流量作回归分析时,与现金流相比,投资机会的相关性居然可以忽略不计(计量结果的显著性很低)。这种"有钱就该花"(投资与现金流高度相关)而不管"是否值得"(投资与体现成长性指标如托宾 Q 值不相关)令人疑惑的经验结果表明:也许目前的公司投资(资本预算)对组织结构及其特性、价值创造机制的复杂性缺乏合理的分析

---

① Stulz 认为围绕信息不对称和代理成本的实证研究多数是围绕信息不对称展开的。

② 如托宾 Q 值,也可以是市价与账面比值(MV/BV)等指标。

和建模,这也是本书试图构建内部资本市场理论对资本预算行为进行研究的另一个主要原因。

实际上,基于资本预算、围绕融资约束,对投资与公司财务结构关系问题的研究也构成了近年来公司财务研究的热点问题,特别是为 FHP 构建正式的财务模型成为一种趋势:Cooper and Ejarque 对公司投资理论建立动态分析模型,并引入模拟数值分析方法;Moyen 沿袭 FHP 对企业融资约束高低的分类,对融资约束理论进行了模型研究;Hennessy 和 Whited 基于 FHP 方法构建了融资约束更正式的动态分析模型,并认为"FHP 模型可能是对 MM 市场摩擦的一个基本度量"。

1.5.2　内部资本市场——有待完善的分析框架

虽然内部资本市场理论是将资本预算引入财务经济学分析体系的可能途径,但目前从内部资本市场角度运用现代公司财务理论解释资本预算行为,现有的相关研究还存在如下几个问题:

(1)内部资本市场理论本身没有明确的框架。如前所述,内部资本市场是制度经济学家在研究企业运行效率时提出的一个解释概念。1988 年 Wernerfelt 和 Montgomery 将内部资本市场与企业效率的资源观、战略观等并列,认为内部资本市场主要用于从财务学角度解释资本配置效率的高低。从目前的研究现状看,国外的研究(以 GSS 和 Stein 为代表)将内部资本市场直接置于一个资本预算的分析框架中。而国内的相关研究中,早期的研究周业安将内部资本市场视为集团企业内部关系交易的主要存在形式,随后魏明海视内部资本市场为一种组织理论;也有的研究将其与战略及资源、甚至与人力资源相交叉(如冯丽霞 2007 年发表的论文)。就最后一种研究途径而言,尽管他们也试图对内部资本市场效率进行解释,但这样的研究思路只是强调了 Williamson 内部资本市场效率的解释途径(价值动因),依然缺乏对内部资本市场配置行为本身的深度分析,而且这种解释途径由于框架过大,对公司财务领域构建内部资本市场理论帮助不大,对改善资本预算方法的作用也相当有限。

因此本书在研究内部资本市场理论时,将"资本"确立在财务(资金)资源上,以资本预算为主线,展开内部资本市场资本配置效率的机制研究,该方法强调内部资本市场的结构特性(多元化的范围及程度)之于业绩的影响。

(2) 内部资本市场的价值机制如何? 目前的研究从多个层面解释内部资本市场价值效应的来源,但还未形成一个良好的能结合公司财务理论主流的经济分析模式。与从内部资本市场角度研究公司投资(资本预算)问题不同,国外的公司投资研究领域最近出现更多的基于 Dixit 和 Pindyck 于 1992 年所建立的投资分析的期权方法,期权方法关注投资价值的不确定性和不可逆性,但期权方法很难结合传统的资本结构理论,对信息不对称和委托代理的分析也缺乏基础。1994 年 GSS 的内部资本市场理论模型将激励和组织结构分析作为资本预算的重点,因而内部资本市场理论能有效地弥补期权投资方法的不足,但基于 GSS 的系列内部资本市场模型却放弃了对价值过程动态分析的特点。

因此,本书在分析内部资本市场的预算激励时,首先建立内部资本市场预算租金的概念,将预算租金作为内部资本市场价值创造和治理机制的基础。在此基础上综合并改进现有的内部资本市场激励模型,分析信息不对称对资本预算最优契约的影响。

(3) 内部资本市场理论如何改进资本预算方法? GSS 建立内部资本市场的代理模型时,是围绕多分部企业的资本预算项目的选择机制——项目择优(Winner-picking)展开,其基础的净现值法(或其他资本预算方法)是外生的,并没有强调内部资本市场理论对资本预算方法本身的改进。国内的研究多数放弃了内部资本市场以资本预算为主的研究假设,因而不存在考虑基于内部资本市场理论建立合理的实证框架以改进资本预算方法。

因此,本书通过分析内部资本市场的运行机制,建立一个改进的资本预算方法(该方法主要针对 NPV 法而言),具体说来是将对信息不对称所形成的融资约束、委托代理行为所产生的代理成本两者纳入 NPV 计算模型中。

(4) 现有研究方法的缺陷。内部资本市场是资本配置行为,而资本的价值是动态的,因而需要一种价值创造的动态分析方法,近年来国际上流行的研究潮流是将公司财务理论用动态的方法重新表述。同时就实证研究方面,很少有研究针对内部资本市场多部门运行的特点,针对性地建立基于代理成本的检验方法。

为此,本书采用动态分析方法对资本预算的价值行为进行研究,同时针对内部资本市场组织特点,建立代理成本的实证检验方法;由于在国内相关研究中,对分部数据和季度财务报告的使用并不充分,因而本书的实证研究将注重运用这两种数据。

1.5.3　研究内容

本书将针对上述主要问题,试图基于内部资本市场理论建立起资本预算的委托代理分析框架,并对资本支出价值创造的动态过程进行分析。这种分析过程从财务学角度展开,具体说来是对内部资本市场的融资约束和委托代理进行模型描述,本书的一个重点是对内部资本市场的代理问题进行检验。全书分为 7 章,其基本框架如图 1-1 所示。

其中各章的内容安排如下:

第 1 章:对现代公司财务的一个逻辑发展进行了评述,介绍本书的研究背景、研究问题、研究内容构成、文章的贡献和可能的创新。

第 2 章:围绕资本预算方法及内部资本市场理论进行系统的文献回顾。首先回顾公司投资的相关理论模型,接着从财务经济学视角对资本预算研究对象——融资约束和代理成本的相关文献进行总结;引入内部资本市场理论,对其相关研究进行回顾。

第 3 章：系统地研究内部资本市场的基本理论构成，将其置入一个制度（结构）—行为—效率的分析模式中。

第 4 章：建立资本预算的动态价值模型，对资本预算的融资约束和代理成本进行模型描述，建立相应的计量模型，估计两者的影响系数，并在此基础上改进资本预算的 NPV 法。

第 5 章：建立内部资本市场资本预算的委托代理模型，对内部资本市场的预算租金和激励问题进行研究。

第 6 章：基于内部资本市场理论对中国上市公司制造业的投资行为进行分析，并根据其季度性财务数据检验软预算约束的代理成本假说。

第 7 章：总结全书的研究结果，得出本书的主要研究启示和政策建议，对本书的研究不足进行总结，同时指出未来进一步的研究方向。

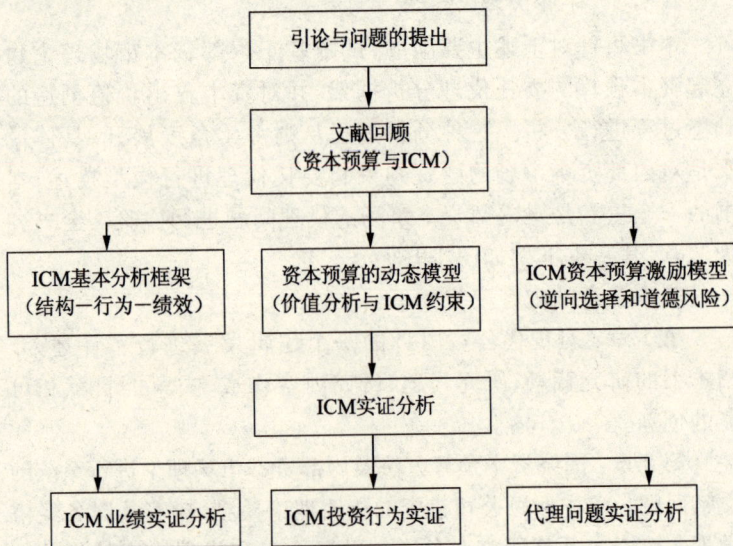

图 1-1　本书的基本研究框架

第 2 章　资本预算与内部资本市场的理论演化

资本预算与现代公司财务理论密切相关,它既是现代公司财务理论形成的直接依据,同时也是其微观经济分析的重要对象。20世纪 90 年代,多元化、内部资本市场和行为财务等理论的建立,为资本预算理论在组织结构和企业层面的拓展奠定了理论基础。因此,在本章的文献综述中,将研究资本预算理论在公司财务理论中的逻辑进展,并从投资模型的研究进展展开,引入内部资本市场资本预算理论,分析内部资本市场投资收益不确定和相机决策的特点;在此基础上分析资本结构理论与融资约束的理论逻辑联系、资本预算与管理者代理行为的关系以及资本预算与管理者非理性行为的关系,从而为本书后续研究奠定基础。

2.1　公司财务与资本预算

早在 19 世纪后期,西方国家的企业管理实践中就已经出现"资本预算"一词,但资本预算的理论化表述则要归结到 20 世纪 30 年代以后,当时所有权与控制权分离的大量公众持股公司的出现,迫使外部持股人(Outsiders)开始对所有权分散的公众持股公司的财务活动加强关注,因而客观上要求建立表述这些财务实践活动的理论工具,从而使公司理财活动能以外部投资人所理解的方式表述,公司财务活动实践开始被理论化和原则化,[①]1937 年 Williams 出版的《投资价值理论》和 1938 年 Dewing 再版的《企业理财政策》都将以往指南性质的财务活动手册的内容进行了标准化和理论化。1951 年,美国学者 Joel Dean 出版了《资本预算》,最早提出了投资决策中的内部收益法。同一年 Lutz 在《企业投资理论》中设计了投资项目决策的净现值法。随后 Savage 在 1955 年发表《资本限额的三个问题》,Hirshleifer 于 1958 年出版《最优投资决策理论》,对资本预算的概念、方法、标准和原理不断进行完善,这一系列成果最终确立了公司财务学理论中的投资决策学派[②]。

但从此以后,资本预算实践方法发展缓慢,特别是与随后不断发展成熟的其他财务经济学理论体系相比更是如此。就资本预算方法而言,尽管财务学早早注意到资本预算在实践中的重要性,但不可否认直到 21 世纪的今天,标准教科书还在重复着 Dean,Lutz 和 Gordon 所建立的新古典资本预算模型,回收期、平均收益率和净现值法的本身含义乃至计量方法并没有太多变动。Gordon 在 1955 年提出的"改进净现值折现率为股利回报率加上企业增长率"的计算模型如今依然还在应用,尽管他对资本预算的理论发展曾作了本书开篇的预言,但显然他的愿望落了空。而实际上 Gorden 对财务学如何发展资本预算方法也认识不清,因为他也提到资本预算终归是一个"科学管理"(Scientific management)的问题而超越了财务本身。

当然,半个多世纪以来资本预算实践方法缺乏创新并不意味着资本预算理论在整个财务学理论体系中地位的降低。现代财务学理论构建的目的本身就是对财务管理活动的经济解释。

---

① Weston J F. The Finance Functioin. The Journal of Finance,1954(9).

② 引自沈艺峰:《公司财务理论主流》,东北财经大学出版社,2004 年。

资本预算一直是现代财务学理论的经济分析的起点和基本目标之一。成立于 1937 年的美国金融协会最早并没有建立明确的财务学的研究框架,1954 年 Weston 在当时美国商业和经济研究局的资助下,对当时 59 家美国大型企业的高层会计和财务人员进行了问卷调查,总结出财务活动中除了会计(簿记)活动外,企业财务活动大部分花在长期预算、资本支出和筹资决策活动中①。在此背景下,就实用主义而言,现代公司财务理论开始围绕资本预算理论构建现代财务学理论框架便是一个自然的逻辑。1958 年,Modigliani 和 Miller 在《美国经济评论》上发表了《资本成本、公司财务和投资理论》,明确了资本成本是财务学分析的核心概念,在此基础上研究投资与财务结构的关系,从而揭示了资本预算问题的本质。这种资本预算分析框架也同时成为现代财务学理论构建的方法基石和研究主体,公司金融开始成为经济学一个独立分支。MM 理论的构建受当时经济学一般均衡理论的影响,遵循了"约束条件下价值最大化"的分析思路,即公司如何在融资受约束的条件下实现投资价值最大化。同时,MM 理论的独特之处在于他们建立了无套利分析方法而非当时流行的边际分析方法,融资受约束也被 MM 转化为资本成本最小化的问题,最终演化至资本结构问题。从此,无套利分析方法成为金融学发展的方法基石,围绕资本结构理论而展开的研究成为公司财务学发展的主线。

就 MM 理论与资本预算的关系演进过程来看,MM 开始是

---

① Weston 的调查将财务活动划分成长期预算、与投资银行订立契约、证券发行、与商业银行和其他资金提供者商量短期资金的契约、短期现金预算、股利政策制订、资本支出规划、监管现金流、收账业务、对资本需求的合同审订、参与长期的企业规划、向董事会建议、会计活动等 13 项活动,发现各项财务活动所占时间比重分别为 5%,3.9%,2.0%,7.1%,4.8%,2.5%,7.4%,2.6%,7.2%,2.8%,8.4%,5.5%,12.9%。

围绕资本成本的确定展开研究，以期改善资本预算方法中涉及的最优折现率问题。在 20 世纪五六十年代研究者们关注的是 MM 所提及的有效资本市场假设，即考虑到资本市场的不完美，相关研究围绕 MM 对资本预算所做的经济假设及其相关解释进行修正。尽管如此，就投资理论而言，新古典经济学依然将其建立在一般均衡分析和边际分析框架下，而不考虑企业层面的财务因素；随后 1964—1965 年 Sharpe，Linter 及 Mossin 分别建立了"资本资产定价模型"（CAPM），1973 年 Black 和 Scholes 建立了"期权定价理论"（OPT），1974 年 Ross 建立"套利定价模型"（APT），则又将新古典投资学问题转化成为财务学的资产定价问题。就资本预算而言，这些方法可以更进一步地权衡风险和收益，以确定一个合理的资本成本，资本预算方法得到进一步的改善。

20 世纪 70 年代，新制度经济学对企业理论重新关注促成了"内部组织经济学"的兴起，信息经济学以两种途径融入公司财务理论中，一方面由 Leland 和 Pyle 在 1977 年引入的信息不对称理论（后来被演变成优序融资理论和信号理论），另一方面由 Jensen 和 Meckling 在 1976 年基于委托—代理理论建立的代理成本理论。与之前的十多年财务学注重资产定价规范模型的建立不同，这两种财务理论都强调其实证性，重点关注不同融资结构的经济后果和对企业价值的影响，在此基础上构建的资本结构理论也成为随后财务学理论发展的主线。相对说来，尽管这一阶段财务学理论发展迅速，并形成了不同的主要流派，但这些财务学理论的分析框架对改善资本预算方法的作用有限，而且与当时制度经济学"深入企业内部"的思路不同，公司财务理论一直忽略产品市场和企业组织结构对财务行为和财务结构的影响，其中，由 Williamson 于 1975 年建立的关注组织内部运行的内部资本市场理论在此后的相当长时间内一直被主流的公司财务理论所忽视。20 世纪 80 年代末,实证领域在检验公司层面的投资(资本预算)行为时,将资本结构整体化为融资约束(Financial constraint)的实证变量,检验其与投资的关系。相关研究表明:在各种投资与融资约束的实证检验中,如果缺少对企业层面(或行业)和组织结构的控制,那么这些模型的解释力远远不够。此后财务学又重新关注企业层面的投资及其影响因素,并取得了很大的进展。而其中被财务学忽视的重在关注组织结构和分权管理的 Williamson 内部资本市场理论也被重新纳入公司财务的研究视野。Gertner,Sharfstein 和 Stein 则将内部资本市场直接建立于融资受约束条件下,采用委托代理框架分析资本预算行为。而到了 90 年代,随着行为经济学(金融学)的兴起,公司财务也在行为领域进行拓展,对管理者非理性行为的研究也为资本预算理论所重视。

通过以上对公司财务学中资本预算理论的逻辑演进的回顾,笔者发现,尽管现代公司财务理论的发展为改进资本预算方法提供了基础,但到目前为止,公司财务理论对资本预算的行为和组织结构分析依然不足。20 世纪 70 年代实证财务研究将组织结构特性带到财务学分析框架,公司财务理论才开始关注管理者行为和组织结构的影响。其中内部资本市场理论关注组织结构效应和特定组织的资本配置方式,与资本预算理论紧密相关,这种特点为利用内部资本市场理论研究资本预算提供了基础。因而本书将围绕资本预算,结合内部资本市场的管理者行为分析和组织多元化经营的结构特点展开相关研究。

2.2 主要公司投资理论

资本预算与公司投资理论密切相关,目前围绕资本预算的公司投资理论的理论模型主要有四类:第一类是基于 Jorgenson

的投资模型,它符合新古典的经济学最优化标准,针对生产约束下的投资收益最大化;第二类是基于 Tobin 的 Q 模型,这一模型不考虑生产约束,将投资决策简化为 Q 值(资本的边际价值)的一个选择函数;第三类是 Dixit 和 Pindyck 建立的期权投资分析模型,期权理论将不可逆性和实物投资的期权价值(等待的价值)作为其分析重点;第四类是目前阶段有待完善的一种资本预算分析方法,它是由 Gertner,Sharfistein 和 Stein 建立的内部资本市场投资选择模型,这一模型与前三类模型强调对投资价值的权衡不同,它建立于委托—代理分析基础上,该模型将内部组织结构及其对应的激励契约设计引入资本预算中。

2.2.1　J 投资模型及其扩展

Jorgenson 的新古典投资模型是基于企业产出函数分析而构造的一种最优企业投资模型(本书称之为 J 投资模型),该模型将资本和劳动视为内生因素,不考虑资源调整的成本因素,生产过程的优化目标是边际产出等于投入要素的边际成本,在此基础上确定一个最优的资本(或劳动)投入量。在 Eisner 和 Strotz 改进的模型中,他们将资本调整的成本也考虑在内,资本调整成本 C 随企业资本扩张(K')而变化形成一个递增的资本调整成本 $C(K')$;另外最初的 J 模型没有体现动态分析,Lucas 于 1971 年对此进行了修正,结合对资本调整成本的分析并将其建立在动态分析模式下。但就资本预算角度看来,J 投资模型中的调整成本并不包括融资结构变化带来的成本变化,这表明 J 模型的财务学属性是假设企业融资不受约束。根据 Lucas 对 Jorgenson 投资模型的修正,一个典型的 J 投资的动态分析模型为:

$$N(K,L) = \max_{K} \int_{0}^{\infty} \left[P \times Q(K,L) - C(K',K) - wL - m(K' + \delta K) \right] \mathrm{e}^{-\rho t} \, \mathrm{d}t$$

其泛函形式的含义是,最优投资路径是价格 P 与产出量 $Q(K,L)$ 扣除劳动成本 wL,再扣除新资本支出 $m(k'+\delta K)$,同时要求多期利润经过贴现后的总和最大化。在 J 投资模型中,L 和 K 是状态变量,$I_t=K'+\delta K$ 是最优投资过程的控制变量。$C(K',K)$ 表示成本调整函数,在此模型中,当生产函数连续可导时,采用最优化原理可求最优投资路径和资本存量。

根据两变量的欧拉定理得:

$$F_k-\frac{\mathrm{d}}{\mathrm{d}t}F_{k'}=0$$

$$F_L-\frac{\mathrm{d}}{\mathrm{d}t}F_{L'}=0$$

其中:

$$F_k=(PQ_K-C_k(K',K)-m\delta)\mathrm{e}^{-\rho t}$$

$$F_{k'}=C_{k'}(K',K)-m\mathrm{e}^{-\rho t}$$

$$F_L=(PQ_L-w)\mathrm{e}^{-\rho t},\ F_{L'}=0$$

在多数新古典分析中,实质上是将上述欧拉方程约束简化(对应于边际产出=边际资源成本)得出优化方程,当不考虑成本调整系数时,即 $C(K',K)=0$。

$$Q_K=\frac{m(\delta+\rho)}{P} \tag{2-1}$$

$$Q_L=\frac{w}{P},\ \forall\, t\geqslant 0 \tag{2-2}$$

此时某一特定形式的生产函数对应着一个最优的投资方程,如对柯布-道格拉斯生产函数:$Q=K^\alpha L^\beta$,可求得 Q_K 和 Q_L,代入式(2-1)和式(2-2),联立得出最优投资路径:

$$K^*=\left[\frac{m(\delta+\rho)}{\alpha P}\right]^{(\beta-1)/(1-\alpha-\beta)}\left(\frac{w}{\beta P}\right)^{-\beta/(1-\alpha-\beta)}$$

尽管做了路径的规划,但可以发现这时的最优投资量与新古典优化没有太大差别,K^* 和 L^* 成为常数。但从优化角度而言,可以对 J 模型进行修正,通过建立更灵活的调整因子 j 使企业资本存量接近于最优投资。

总之,J 投资模型为资本预算理论建立了现代微观经济分析基础,它也成为后续各种企业投资模型的研究基础。

2.2.2 T 投资模型及 Q 值的度量

1969 年 Tobin 建立 Q 投资模型时也是采用边际分析法,这本质上与 J 投资模型采用的新古典方法没有太大区别,只是 T 模型将边际价值(单位投资的企业价值增量)对应的 Q 值作为边际投入的比较基础。这种定义也被后来的实证研究所广泛接受。因而,相比于 J 模型,应用 T 模型时就不用考虑生产函数的具体形式,使问题得以简化。T 投资理论建立后,托宾 Q 值开始被规范为一个投资系数为投资决策使用,Tobin 将其定义为:现有资本品及其对应的权益与它们当前的重置成本之比。这个系数经过了多位学者的修正,但无论哪一个系数实际上都脱离了 Q 理论最初所强调的资本边际收益率,而采用平均的比值[①],这主要是为了实证的需要和数据处理的方便。但整体而言,Q 值只能度量"适当的资产的价值",或更进一步地理解为:由于实际中能被操作的 Q 值代表的是企业整体的资产价值比,而就其与预算的关系而言,它更大的用途或好处在于能被用于资产定价,2005 年 McDonald 基于 Q 理论构建了一个资本资产定价模型,并将其用于地产业的资产定价。尽管 Fama 和 French 建立其三因素模型以后,托宾 Q 理论广泛应用于投资的实证研究中,但 Q 理论对投资或预算模型自身的解释能力并不完善,各种实证结论也不完全一致。Chirinko 对投资与托宾 Q 理论的

---

① 另外从财务学对多元化的研究也可以看到这一点,多元化进入财务学研究领域也是在 20 世纪 90 年代的事,在此之前财务学相对产业组织领域,对多元化的研究很少。

相关性实证研究表明,托宾 Q 理论远不能解释投资额。就 Q 值与投资机会而言,一般说来企业托宾 Q 值比较高(大于 1)体现了一定的投资机会,但这与投资决策并非完全对应,这是因为投资或资本预算行为除了取决于企业的产出结构外,同时与所处的行业也有关,当综合考虑行业结构和企业微观运行状态时,这种结论的不一致就容易理解。也许最能说明的典型例子是垄断行业,这类企业虽然处于高的托宾边际 Q 值,但由于企业依然会保持垄断利润,而不采取追加投资的策略,所以考虑行业结构时 Q 投资理论在投资决策上的功能是有限的。但应该承认的是,Q 投资理论作为对 J 投资理论的简化,逐渐成为企业投资和资本预算新的理论研究基础。

2.2.3 期权(Option)投资模型

如果说上述 Q 投资模型是 J 投资模型在边际分析方法上的简化,期权投资模型(Option investment model,本书简称为 O 投资模型)则建立了一种完全不同的分析思路:即将 J 投资模型中对应的项目投资的不确定性的等待价值作为其分析重点。Dexit 将企业的投资机会等同于永久性看涨期权,即以预先指定的价格购买股票的权利而不是义务,此时针对投资机会的投资决策可以被看作是期权定价。由于投资的期权定价理论的核心在于投资的等待具有价值,因而相对于 J 投资模型和 T 投资模型在实证中所表现出的缺陷,资本预算的期权模型则是将外部资本市场效率理论作为分析投资问题的起点,更进一步讲就是将不确定性和不可逆性作为分析投资问题的中心,将由于资本市场套利性的存在对应的投资机会纳入期权分析框架,资本预算作为投资机会被明确为一种"实物期权"。Pindyck 投资决策的期权定价对其做了正式描述并基于期权方法建立了一整套企业资本预算理论。

在 Pindyck 的期权投资模型中,对影响利润流的因素 θ 作

了一项随机假定,此时的期权分析过程中,利润流对价值的影响方式体现为几何布朗运动过程:

$$dV_t = aVd_t + \sigma VdZ_t$$

其中 dZ 是一个维纳运动的增量,投资机会的价值从期权角度看其价值 $F(V)$ 可以表示为:

$$F(V) = \max[E(Ve^{at} - I_t)e^{-\rho t}, 0]$$

其中 V 表示贴现后的价值,但如果是针对利润流,则要用 $Ve^{at}/(\rho - a)$ 代替其括号中的第一项 Ve^{at},当权衡了通货膨胀的影响后,并且在规模经济条件下,资本预算模型的决策机制主要是投资时机的选择和项目定价,此时的期权投资(预算)模型注重对未来收益不确定性的处理。

(1)当不存在不确定性时,变动项不存在,代入期权价值公式得:

$$F(V) = \max[(Ve^{at} - I)e^{-\rho t}, 0]$$

注意到在分析中存在约束 $0 < \alpha < \beta$(这也与实际情况一致,否则项目的价值随着时间推移其贴现值为无穷大)。$F(V)$ 是动态过程,满足如下条件:

$$F_t(V) = (a - \rho)Ve^{(a-\rho)t} + \rho Ie^{-\rho t} = 0$$

解得:

$$t^* = \max\left[\frac{1}{a}\text{Ln}\left(\frac{\rho \cdot I}{(\rho - a) \cdot V}\right), 0\right]$$

它对应最优的投资时间。

在此基础上可以确定一个最优投资边界条件,令 $t^* = 0$,解得 $V^* = \dfrac{\rho}{\rho - a} \cdot I$,最终得到最优投资机会的期权价值:

$$F(V) = \begin{cases} \dfrac{aI}{\rho - a} \cdot \left[\dfrac{\rho - a}{\rho I}\right]^{\rho/a} & V \leqslant \dfrac{\rho \cdot I}{\rho - a} \\ V - I & V > \dfrac{\rho \cdot I}{\rho - a} \end{cases}$$

（2）不确定性存在时，不能忽略变动项，此时投资优化的简化贝尔曼方程为：

$$\rho F d_t = E(dE)$$

由 Ito 引理，该贝尔曼方程对应的优化模型为：

$$\rho F = a V F'(v) + \frac{1}{2}\sigma^2 V^2 F''(V)$$

$$\text{s.t.}\quad F(0)=0; F(V^*)=V^*-I; F_V(V^*)=1$$

由上述二次型微分方程可以确定一个合适的期权价格，其解可以表示为：

$$F(V) = \frac{(\beta_1-1)^{\beta_1-1}}{\beta_1^{\beta_1} I^{\beta_1-1}} V^{\beta_1-1}$$

其中 $\beta_1 = \frac{1}{2} - \frac{a}{\sigma^2} - \sqrt{\left(\frac{a}{\sigma^2}-\frac{1}{2}\right)^2 + \frac{2\rho}{\sigma^2}}$。

从期权投资模型的分析和应用过程可以看出，投资的期权分析方法关注影响项目价值的不确定性。与 J 模型和 T（或 Q）投资模型相比较，尽管这些投资模型中也有针对不确定性的建模过程，但期权投资模型的"定价"目的是上述两种方法所不具备的，上述两种方法是建立在"边际价值"基础上，因而对资本预算方法的应用只具有间接意义，而期权定价则超越了它们的"项目边际定价"，因而其方法与传统意义上的资本预算更为接近。但期权定价有赖于对产出过程随机性的假定，同时对组织结构因素、成本构成和控制过程的权衡也存在问题，因而这种方法在建模上的直观性和灵活性未必表明它能被用于企业的常规资本预算决策。一般说来，其更大的用途在于对风险性更大的资本支出（如 R&D）作特定的分析。

2.2.4　内部资本市场的投资模型

上述三种投资模型目的在于确定企业整体的最优投资，而不考虑财务结构和组织结构对投资行为的影响。当考虑这两种因素对投资行为的影响时，GSS，Stein 基于委托代理关系的分析，建立了一个契约设计和激励机制分析基础的内部资本市场投资模型。内部资本市场是 Williamson 在分析基于交易成本的企业边界理论时建立的一个分析对象，他认为多分支和多业务单元的企业客观上造就了一个内部资本市场。在早期的组织经济学理论中，内部资本市场的效率分析被用于解释对科斯定理所涉及的企业边界及其性质的问题。但此后内部资本市场就作为公司多元化的内生性资源配置的映射向量，其研究限定在一个企业的竞争理论框架下的产业分析过程。但 20 世纪 90 年代随着委托代理理论开始被用于内部资本市场分析，内部资本市场理论也开始被用于分析集团企业资本预算行为，用于设计组织的激励契约，评价企业投资有效性与否。

典型的内部资本市场模型可表示为如下契约过程：

在第 0 期的初始状态时需要 K 数量的投资，并且管理者在企业中无自己的股份。在第 1 期的某项目的获得概率模型为：

$$CF = \begin{cases} x & p \\ 0 & 1-p \end{cases}$$

即以概率 p 产生 x 元的现金流量，此时的现金流量可以被管理者和潜在的投资者所知（但由于未实现，不可证实）。在第 2 期，确定性地产生 y 元的现金流；此时客观上存在着一个项目的清算价值 L（其中 $L<y$），表明项目离开管理者的有效管理也能产生的价值。L 和 y 都具有内生性并取决于项目本身。因而，$y-L$ 是管理者的可分配现金流。此阶段用 D 变量代表契约规定的管理者实现的现金流，作为一种均衡结果。管理者的报酬部分是 $\beta(y-L)$，投资者所得为 $y-\beta(y-L)=\beta L+(1-\beta)y$。此时，一般认为要建立有效的激励机制就必须使 $D<\beta L+(1-\beta)y$。

在这种契约分析过程中存在最优选择机制，即在上述假设条件下，可以计算在某一个管理者契约现金流 D 下投资者的回

报 R:

$$R = pD + (1-p)L - K$$

其中合约规定 $D \leqslant \beta L + (1-\beta)y$ 且 $R \geqslant 0$, 此时项目被选择的约束条件之一便是 $p[\beta L + (1-\beta)y] + (1-p)L - K \geqslant 0$。

当投资者选择 $R=0$ 时的 D 时, 管理者合理的报酬为 $p(x+y) + (1-p)L - K$。

这一过程是内部资本市场资本预算对代理成本权衡的表现, 而传统资本预算过程不考虑相关的代理问题时, 只要项目有正的 NPV 便可以投资, 用公式表示为 $px + y - K \geqslant 0$。

内部资本市场的资本预算更大意义上是基于效率比较而非具体的价值计算过程, 这是与上述三种方法最大的区别。当分析特定企业是否存在内部资本市场控制时, 会存在两种效率差: 一是事后无效率差 $XP = (1-p)(y-L)$, 二是事先效率差 $XA = p[x + \beta(y-L)] + (1-p)(y-L)$。

Stein 建立的内部资本市场资本预算选择模型时, 上述的效率差分析成为多部门组织资本预算的关键环节, 结合这种分析, 可以对所有权结构的选择、如何减少管理者不良动机及其内外部融资效率高低进行比较。

2.2.5　几种资本预算模型的比较

总体说来, 上述四种内部资本市场的资本预算模型中, 与前三种新古典资本预算模型相比, S-ICM 的资本预算模型更符合对决策控制过程分析, 它考虑了前三种模型中所忽略的资本约束的条件, 它不将项目价值有关的资源配置方式和路径作为研究和分析重点, 而是将多部门的企业组织的项目选择机制和激励机制作为资本预算的关注中心。这种优势能使 S-ICM 资本预算模型有效地联结投资与财务结构; 针对特定的组织结构及其分权控制过程, 采取合理的融资模式; 同时能有效地比较内、外部融资效率高低, 针对管理者的行为设计相应的激励机制。

表 2-1　不同投资(或资本预算)模型特点比较

特点	J 模型	Q 模型	P 模型	S 模型
不确定性的权衡	低	低	高	高
不同财务结构的成本调整	低	中	低	高
是否存在管理者的激励	否	否	否	是
管理者非理性行为的权衡	否	否	否	能
动态与边际分析的运用	是	是	是	否

表 2-1 总结了几种企业投资模型的特点,J,Q,P 投资模型没有考虑资本结构效应,所建立的模型没有重视企业的融资约束和融资行为所带来的成本。这种假设的缺陷在 20 世纪 80 年代后才被实证财务研究所重视。为此,Fazzari, Hubbard 和 Petersen 在实证领域围绕企业投资和财务结构的关系建立一种新的投资—现金流敏感性检验模型。同时 J,P,Q 投资模型对激励机制设计相比于 S 模型也存在明显缺陷,其模型没有深入研究企业组织结构效应和管理者的行为效应。另外,只有内部资本市场资本预算模型才能有效地权衡管理者非理性投资。但表中所列的特点比较说明:目前的内部资本市场资本预算在动态分析上有一定缺陷,这也是本书所试图修正的地方。

通过比较这些公司投资(资本预算)理论,笔者发现,在资本预算中,尽管期权方法在目前被认为是分析投资项目的一种更为合理且更模型化的方法,但将其用于解释资本预算问题时,相对内部资本市场模型来说,其对激励问题和信息不对称的考虑较少,这种缺陷导致它对资本预算实践方法的改善作用有限。因此本书在研究资本预算问题时,依然基于传统投资理论的均衡分析,在动态价值分析的基础上融合信息不对称和代理问题,将这两者视为最大化动态价值函数的约束条件开展研究。

2.3　资本预算的融资约束与代理成本

如前所述,现代资本预算的主要方法依然采用 NPV 法,这种方法的应用是基于 MM 理论所定义的完美资本市场假设条件,因而表现出资本预算与融资结构的无关性,这种无关性忽视的是融资结构所带来的各种风险。而实际中 MM 理论面临的是不完美资本市场,使资本预算决策呈现出复杂性。20 世纪 70 年代对 MM 理论在资本预算中的应用最严厉的批评者当数 Fama,他认为此时应用 NPV 法做资本预算时企业不可能基于序列投资和市场回报的时期数据确定一个合理的风险折现系数。Stulz 认为由于不完美资本市场导致融资成本的变动最终表现为筹资风险或财务困境风险,而财务困境风险反过来对 NPV 法所建立的资本预算决策的结果影响颇大。事实上,财务困境风险引致的资本预算与资本结构的互动关系构成了现代资本结构理论所试图解释的重点对象。由于财务困境风险(成本)的存在,就权益融资而言,企业原有股东由于不希望股权稀释而招致利益损失,会极力反对增加权益融资,宁愿放弃扩股融资开展新的获利项目;而在负债融资方面,企业在面临财务困境时,通过负债方式形成资本预算的融资渠道很难被债权人所接受,获利项目并不一定能实现;即使是其他利益相关者,在企业面临财务困境风险时,也会采用策略性的自我保护行动,最终也会使获利项目的赢利性发生反转;而管理者也会在这种财务困境风险下采取自利行动,有偏好地采用 NPV 方法计算项目实现自利行为。因而在公司财务理论看来:资本预算在非完美市场条件下的主要研究领域是对融资约束的讨论和对委托代理问题的分析,这两者的存在使投资不可能达到前述各种投资模型的最优水平。

2.3.1 资本预算与融资约束

前述新古典公司投资模型假设企业利用投资机会时不存在融资约束,企业投资直到投资的边际贡献率等于边际成本。而MM理论也表明:在完美资本市场下,企业投资取决于投资项目本身的价值(NPV),而与融资方式或资本结构无关。而当现实中存在不完美资本市场时,投资行为是否会受到融资行为的影响? 融资约束模型的建立就是在实证领域对这种影响的验证。这种检验的目的有几方面:一是检验 Williamson 内部资本市场存在性与效率的表现;二是检验 Jensen 在代理成本理论基础上建立的自由现金流量假说;三是间接验证 Myers 和 Majiluf 在信息不对称基础上发展起来的优序融资理论(Pecking-order),它同样强调内部资金的优先性。

融资约束的实证检验方法最早可以归结到 Meyer 和 Kuh 在 1957 年的研究。Stiglitz 和 Weiss 认为债权市场的均衡表明存在部分借款人不能得到足够资金,对可行项目的融资要付出溢价租金。但融资约束模型更正式的实证研究由 Fazzari,Hubbard 和 Petersen(FHP)开创,他们最初建立融资约束分析概念时是借用了经济学约束条件下的最优化的思想,将其中投资最优化的约束条件之一定义为"来源于外部(债务或权益)资本的成本要高过内部资金的成本"(Binding financing constraint),这种定义对理解他们的分析方法非常关键①。体现在他们的实证计量模型中,则是投资与 Q 值及现金流量的相关

---

① 他们定义的是融资约束(Financing constraint),而非随后相关研究所表示的财务约束(Financial constraint),例如在投资优化方程中,对于 $\max \sum_{t=1}^{\infty} \frac{pQ(k,l,x)-i^* k-xl}{(1+r)^t}$,如果其中的 k 是外部债务或权益融资,i 对应的是其成本率,则 FHP 中的融资约束的含义有一个优化约束条件 $IR:i>r$。

性分析,其直观含义是表明企业的投资量与对投资机会(Q)的利用是否受内部现金流量的约束。他们研究方法的重点是对企业进行分组(例如以股利支付率的高低为度量),从而分析有融资约束和无融资约束情况下投资与现金流量的敏感程度,从而进一步分析不完美资本市场对投资行为的影响。

随后基于他们的研究方法产生了很多的实证检验,Hoshi,Kashyap 和 Scharfstein(HKS)针对日本的集团企业(Keiretsu)和非企业集团的分组 FHP 检验,发现对非集团企业而言,其FHP 投资—现金流的关联性更高。1992 年 Whited 对Compustat 数据库中的制造业根据"债务资产比"和"利息与现金流比"两个指标来划分,其研究结果表明:用这些财务变量度量的融资约束代理变量在不同的分组间有不同的相关度。1993年 Schaller 则对企业的特质进行了分类,从企业成熟度(新老企业)、代理角度(所有权集中与分散)、组织角度(集团与非集团企业)等划分企业类型,结果表明:新企业、分散所有权企业、非集团企业的 FHP 现金流量的相关度都更大。

但 FHP 对企业划分的处理方法容易受到挑战,其中最大的挑战来自于 Kaplan 和 Zingles,1997 年他们在论文"Do financing constraints explain why investment is correlated with cash flow?"中对 FHP 方法提出了质疑,声称他们的研究结果表明 FHP 的融资约束不存在,KZ 的研究受到了 FHP 严厉的回击,FHP 甚至在 KZ 论文发表前的 1996 年在一篇名为"Financing and Investment-Response to Kaplan and Zingales"的论文中指出 KZ 在样本选择和对融资约束定义的识别上都存在严重错误。但此时 FHP 也意识到 Q 值计算的不准确有可能导致这种结论存在偏差,因而对模型的调整要从新古典投资方程的欧拉方程(Euler Equation)着手。随后 Baus 和 Guarigalia 在 2002 年对融资约束和非约束的企业投资方程进行了优化,不

借助 Q 值,而是直接对投资方程进行了模型修正,其数值模拟结果同以销售或净资本存量表示的融资约束指标进行的回归分析结果表明,受约束企业的投资具有 FHP 效应。

FHP 检验与 Jensen 的自由现金流量假说几乎同时提出,但 Jensen 建立自由流量概念是表明代理成本的存在,在 Jensen 看来,企业保持过多的自由现金流量不发放给股东,这种代理成本的存在显然不需要证明①。2001 年 Shin 和 Kim 结合 FHP 方法对自由现金流量的代理成本进行了检验,其检验是针对企业资本预算的浪费效应进行的,他们认为:当分部管理者存在预算限额且实际上不需要完全使用这个限额时,分部管理者会在预算期末过度投资,因而他们认为企业的季度性投资应该不同,即由于代理成本存在,如果有预算限额时,第四季度投资额会比其他季度要高。这种分析方法也与 Harris 和 Raviv 在 1998 年采用资本预算的"软预算约束"来检验代理问题相一致。

1997 年 Cheng 采用面板数据方法对美国 500 多家企业的财务结构与投资行为进行了研究,他将企业集团按不同特质进行分类,以分析融资约束对投资行为的影响,其结论也表明资本密集型的企业对内部现金流的敏感性更高。

另外,融资约束在动态多期的情况下,其行为会有所变化。1988 年 Barran 采用动态方法并基于资金约束研究了比利时企业的投资行为,他发现采用动态分析方法后,投资行为分析结果有所不同,新古典的融资约束限制并不成立。Love 在 2006 年采用 VAR 方法研究了 36 个国家的融资与投资的动态关系,其目的在于对影响企业投资的基础因素进行揭示。Hennessy 在 2006 年也采用动态方法研究了在多期情况下价值过程的动态

---

① Hubbard 指出在财务学实证文献中过多地关注信息不对称的实证检验,而对代理成本的实证检验相当少。

对提升信号的作用。

　　总体说来,就融资约束与资本预算的关系而言,20 世纪 80 年代末 FHP 方法的建立为代理理论和信息不对称对公司投资行为的影响提供了一个基准的检验方法,不同于以前财务学在收益(回报)方面所做的大量检验模型,FHP 模型为 90 年代重新重视企业投资理论的研究提供了坚实的实证研究基础,FHP 模型甚至可能是对 MM 市场摩擦的一个基本度量。

2.3.2　资本预算与管理者行为

　　委托代理问题的产生源自信息不对称,20 世纪 70 年代信息经济学中形成的信息不对称理论被 Lyland 和 Pyle 用于其资本结构的信号模型的建立,随后被 Myers 和 Majiluf 用于其优序融资理论的构建。对信息经济学的另一个分支是委托代理理论,1976 年 Jensen 建立了代理成本的概念,他深入分析其所体现的激励内容本质,并将其用于对公司控制权市场理论的研究。随后 Jensen 建立了自由现金流量假说,认为管理者自利动机会带来对自由现金流量的滥用。产权理论对此作了更正式的不完全契约的理论表述。Aghion 和 Bolton 在 1992 年建立的成本状态证实模型则将债务作为解决这种冲突的激励手段。

　　(1) 委托代理对投资影响的表现。Jensen 认为存在"帝国投资"的管理者偏好。在不考虑代理成本时,设定企业的价值为:$\max\{f(I)/(1+r)-I-\lambda C(e)\}$,其中 $f(I)$ 为产出,I 为投资,用 λ 表示资本市场不完美带来的摩擦,$C(e)$ 是外部融资的成本。存在代理问题时,对应 Jensen 的管理者帝国投资时的价值方程为:$\max(1+\zeta)f(I)/(1+r)-I-\lambda C(e)$,此时 ζ 表示代理冲突的程度,此时与无代理成本的投资相比,因为它满足 $f(I)=(1+r)/(1+\zeta)$,而 $f(I)$ 是减函数,因而体现为过度投资。Amihud 和 Lev 认为存在代理问题时,管理者会偏好选择多元化经营;Shleifer 和 Vishny 认为管理者选择投资项目时,会注重于那些能提升管理者人力资本的项目,从而巩固其领导者地位。Holmstrom 建立的模型则强调代理人对声誉的追求而有偏好地选择项目。Bebchuk 和 Stole 则与 Holmstrom 相反,他们认为管理者的投资项目追求短期效应,看重投资支出对股价的作用程度。这些都表明资本预算决策中代理问题存在不同的表现形式。

(2)委托代理的原因与作用途径。尽管上述研究是基于对管理者投资行为的分析,但根源还是来自于信息不对称的不同表现形式。当存在股东与债权人的信息不对称时,Jensen 和 Meckling 认为由于有限责任,代表股东的管理者会采取高风险的投资项目,以获取更大的风险回报,而一旦失败,则很大程度上转嫁给了债权人。Myers 认为由于资本市场害怕管理者存在败德行为,使企业得不到足够的融资而出现投资不足,这与后面要讨论的融资约束理论相一致,这些信息不对称更多的是指与道德风险对应的事后信息不对称(而与事前信息不对称对应的逆向选择),表 2-2 针对相关文献围绕投资问题的研究做了一个总结。

(3)资本预算与管理者非理性行为。过度自信是一个心理学现象,Roll 首先将过度自信引入公司财务研究领域。随后,Heaton 建立了相关的过度自信的检验办法。Malmendier 和 Tate(MT)则建立了一个正式的由过度自信引起的投资模型。它是在上述投资模型:$\max\{f(I)/(1+r)-I-\lambda C(e)\}$ 基础上引入个人对投资收益的自信度参数,其基本模型为:$\max\{(1+\varphi)\cdot f(I)/(1+r)-I-\lambda C(e)\}$,在此基础上推导出其最优投资额。在实证方法上,Heaton 是以管理者对业绩的预计和实际结果的差额大小作为过度自信的度量,而 MT 将管理者对激励期权的执行时间的延迟作为过度自信的代理变量。但由于 Heaton 和 MT 的投资分析中都是基于投资与现金流的敏感性的拓展,因而其结论未必能表明投资变化是受过度自信影响的结果。例如

Heaton 对其实证结果也做了这样的解释:过度自信不能只被解释为过度投资,同时也极可能与外部融资的流动性约束有关。总体说来,行为金融在解释外部资本市场上的投资行为时有了较成熟的研究结果,但就行为公司财务而言,到目前为止它在运用行为经济学的方法方面进展并不明显,甚至在公司财务学理论建构中的发展方向和方法并不明确。

表 2-2　企业投资中涉及投资无效率的文献汇总①

委托代理类别	信息不对称	影响投资的财务形式	对投资的影响	后续研究
资产替代性	股东与债权人	代理成本 Jensen 和 Meckling(1976)	投资不足	Fazzari et al. (1988) Oliner & Rudebusch(1992) Whited(1992) Himmelberg(1994) Hubbard et al. (1995) Calomiris & Hubbard(1995) Adedeji(1998) Francis(1998) Kaplan & Zingales(1997,2000) Agung(2000) Perotti & Gelfer(2001) Kato et al(2002)
逆向选择	股东与债权人	融资约束 Stigliz & Weiss(1981)		
	现有与潜在股东	融资优序 Myers & Majluf(1984)		
道德风险	股东与债权人	融资约束 Myers(1977)	过度投资	Amihud & Lev(1981) Voht(1994,1997), Chen & Ho(1997) Kock & Shenory(1999) Del Brio et al. (2003,2004) Pindado et al. (2001,2003)
	股东与管理者	自由现金流量 Jensen(1986)		
	股东与管理者	追求声誉效应 Hesheleifer(1993)		
非理性行为	股东与管理者	过度自信 Roll(1986)		Heaton(2002) Malmendier & Tate(2005)

---

① 其他更多的文献则是对投资效率的研究。

2.3.3 资本预算、融资约束和代理成本关系研究评论

本节文献回顾涉及的融资约束和代理成本是本书研究的重要内容,其原因在于:它们是现代公司财务理论对公司投资(资本预算)行为分析的两个主要内容。融资约束是 MM 有摩擦市场对公司投资影响的表现;而代理成本则是管理者追求自利行为导致公司投资行为的无效率。回顾这些研究文献有助于本书在此基础上有针对性地构建资本预算模型。另外,我们发现现有的研究在这两个相关的研究领域存在两个环节的研究缺失或可改进之处:

(1)现有的研究并没有建立一个有效的分析框架改进资本预算行为,即融资约束和代理成本之于资本预算的作用途径到底如何? 如何考虑这两者对资本预算方法的具体影响,建立有效的办法改进现有的资本预算方法? 这也成为本书的理论研究和模型分析中所试图解决的问题之一。

(2)就资本预算的激励机制设计而言,现有的理论模型还没有一个完整的基于信息不对称的资本预算激励契约的分析框架,这也构成了本书理论研究的另一个重点,即资本预算中激励机制模型的分析和设计,并且这种模型分析是设置在一个内部资本市场的分析框架中。

2.4 多元化与内部资本市场

20 世纪 60 年代,西方国家出现大规模的企业合并,形成了众多的联合大企业,这种现象促成了内部组织经济学理论研究的盛行。自 Alchain 和 Williamson 分别提出内部资本市场是联合大企业效率重要来源的命题以来,围绕内部资本市场的研究

陆续展开,研究方向和理论争端也主要围绕以下方面展开①。

2.4.1 多元化的历程

多元化是企业间通过资本市场的参与采取兼并与收购行为的结果,现代西方国家(主要体现在美国)的多元化在二战前后共经历了六次大的多元化阶段。

(1)二战前的美国企业多元化。这一阶段有三次大的并购浪潮。第一次并购浪潮开始于 1890 年,到 1893 年间被突然发生的经济萧条打断。这次兼并浪潮发生的背景是社会公众对同业公会和托拉斯的抗议、谢尔曼法案的通过及新泽西州为控股公司颁布的普通公司法令。美国历史上的第二次并购浪潮比第一次的规模大得多。这次并购浪潮开始于 1899 年,可以认为是对最高法院(Supreme Court)重新解释谢尔曼法案的反应,一直到 1903 年因为经济不景气和随后的证券市场崩溃而结束。这两次并购浪潮的发生都离不开资本市场的参与②。第三次并购浪潮发生于 1916 年,终止于 1929 年的证券市场大崩溃和持续数年的经济大萧条。这三次并购浪潮有以下两个共同点:首先,投资银行及投资银行家在企业的并购活动中起到了关键作用,他们直接影响着企业管理层的决策;其次,并购主要是同行业兼并,兼并后行业集中度大大提高,但企业的多元化程度并没有明显改变,仍然比较低。另外,在早期,反垄断法侧重于维护公平竞争的环境,禁止企业间以价格操纵和分配市场份额为目的的

---

① 国内对内部资本市场的研究开展不多,这主要是由于我国集团企业的分部研究数据的缺失,因而这部分的文献综述也主要集中在国外对多元化和内部资本市场的研究上。

② 由于为美国铁路的发展募集资金,纽约早在 19 世纪 50 年代就已成为全球最大、最发达的资本市场之一。但一直到了 19 世纪 90 年代,由于铁路竞争的加剧,铁路金融业不复往日的辉煌,并且铁路股票已经集中到了少数有势力的华尔街金融机构手中,纽约的资本市场才开始关注美国工业企业。

联合,但并没有明确禁止垄断,所以前两次并购浪潮形成了许多垄断企业。到了 1914 年的克莱顿法案,则明确禁止可能造成垄断的企业间股票收购行为,因此第三次并购浪潮后出现了许多寡头垄断行业。

(2)二战后的美国企业多元化。这一阶段也存在三次大的并购浪潮。第四次并购浪潮源自于美国国会于 1950 年通过的塞勒—凯弗尔法案(Celler-Kefauver Act)。1965 年发生了美国历史上的第四次并购浪潮。此时主要通过证券市场融资,投资银行没有在其中起到很大作用,并且这次并购浪潮以多元化并购为主要特征,出现了联合企业(conglomerate),这一次的并购浪潮中出现的联合企业引起了经济学界的强烈关注。许多学者试图对联合企业的出现提供理论解释,其中包括建立内部资本市场理论来解释这种并购动因。第五次并购浪潮发生于 1981—1989 年,伴随着 1981 年开始的经济繁荣,企业并购活动随之增加,在这次并购浪潮中,善意收购事件明显增多,反映了反垄断管制放松后企业的集中化趋势。另外,在这次并购浪潮中,绝大多数并购并非都是善意,有许多全国性的大企业成为恶意收购的对象,所以有人称这次并购浪潮表现以恶意接管(hostile takeover)为主。与第四次并购浪潮相比,第五次并购浪潮在许多方面表现出相反的特点:首先,在第四次并购浪潮中,企业的多元化程度大大提高,出现了联合企业。与之相反,在第五次并购浪潮中,很多联合企业在被收购、所属资产被拆散后,分别卖给与这些资产有横向或纵向相关关系的企业。因此,整体而言,企业多元化程度明显下降。其次,从 20 世纪 60 年代到 80 年代,对多元化并购的市场反应也明显改变。1968—1974 年,多元化收购企业可以获得超额股价收益;1975—1979 年,超额股价收益几乎为零。最后,1980—1989 年,多元化收购企业可以获得超额股价收益显著为负。第六次并购浪潮是在 20 世纪 90 年代,到 1992 年,随着经济重新回暖,证券市场价格上升,并购事件重新开始增长,这一阶段的并购绝大多数为战略并购,而不是恶意收购,而且基本上通过股票市场融资。

2.4.2 多元化效率的经济学解释及内部资本市场理论的引入

上述多元化历程导致企业频繁的兼并和收购现象促使经济学家们建立多种理论对其进行解释,主要有基于新古典经济理论和现代企业理论两个方面,前者基于均衡分析出发,后者则不同。

(1) 从均衡理论角度进行解释的理论有两种:一种是"市场势力理论"(the market-power theory)。该理论认为企业多元化的动机在于获取市场势力,因而称该理论为"市场势力理论"。在这个领域,Edwards 做出了基础性的贡献,后来很多学者对这个问题的分析都建立在他所创立的理论基础上。基于 Edwards 的分析形成了"联合企业势力"的概念,Gribbin 对此做了总结,指出所谓的"联合企业势力"最终还需要归结到联合企业在各个产品市场的市场势力或市场份额。具体是通过两个途径实现的,即横向补贴和共同克制,随后这些市场行为被模型化描述。另一种均衡理论则是资源观理论(the resource view theory)。资源观认为企业多元化的动机在于对企业现有资源的利用。该理论最早由 Penrose 提出,他多次强调,在二战后技术创新增加的背景下的高度集中化企业是非常危险的,不可能生存更不要说增长,因此,在某种程度上,企业必须考虑多元化。同时,在日常的经营活动中,企业总会不断拥有一些没有得到充分利用的资源(即生产性服务),为企业提供了进一步扩张和多元化的空间。Teece 对 Penrose 的理论进行了补充。Teece 认为,Penrose 所考察的企业多元化实际上是关于企业如何通过多元化实现范围经济的问题。此外,Montgomery 和 Wernerfelt 的分析认为,企业的资源具有不同的专用性,因此它们的多元化模式和最优的多元化水平也有所差别。对于那些拥有专用性低的资源的企业来说,要达到利润最大化,必须通过高的多元化水平。与 Penrose 等人的理论略有不同,Matasusaka 在利润最大化框架下,从企业组织能力(企业高层和中层经理营销等经营管理技术)的有效利用角度,利用动态模型构建了企业多元化模型。

(2)非均衡分析。这种分析思路下,对多元化形成的联合企业的效率解决是 20 世纪 50 年代以来企业理论发展的重要原因,Coase 的企业理论是这种解释的基础,Williamson 运用交易成本经济学(transaction cost economics)来解释诸如前向一体化(forward integration)、高度多元化的联合企业(conglomerate)以及跨国公司等企业内部组织创新问题。Williamson 对行为人提出两个基本假设即有限理性(bounded rationality)和机会主义(opportunism),并指出评价一个组织内部治理结构是否有效率的标准——在防止机会主义行为的前提下对行为人有限理性的容纳能力。在此基础上 Williamson 提出了三个"组织设计原理":资产专用性原理(asset specificity principle)、外部性原理(externality principle)、科层分解原理(hierarchical decomposition principle)。在上述组织设计原理的基础上,Williamson 考察了 Chandler 所描述的铁路公司、制造业的前向一体化、M 型组织结构(multidivisional structure)、联合企业和多国企业等企业内部组织创新现象。另外,产权经济学和契约经济学从不完全合约角度对新古典企业理论做了重要补充。Grossman 和 Hart 从不完全合约出发,运用纳什均衡的基本思想对企业一体化问题做了分析,这三者是后期组织理论所奉行的经典理论。

基于 Williamson 的 M 型组织的效率解释所建立的内部资本市场(Internal Capital Mrket,ICM),Gertner,Scharfstein 和

Stein 将财务学的信息不对称和代理问题纳入内部资本市场的分析框架。GSS 认为多元化企业所产生的现金流更为稳定,可以有效地为该企业的内部资本市场提供资金,因为内部资本市场比股票、债券等外部资本市场更有效,所以多元化可以提高企业价值。这也是内部资本市场的优势所在,具体体现在以下两个方面:首先,通过内部资本市场筹集资金可以克服信息不对称问题,从而降低资金筹集成本;其次,通过从内部资本市场筹集资金,企业经理人可以自主选择投资项目,避免企业外部的不知情投资者掌握该企业投资决策权,从而提高投资效率。Stein 将这个观点模型化,建立了正式的委托代理分析方法。随后 Scharfstein 和 Stein 建立了两级委托代理模型,并指出:由于信息不对称,多元化企业内部资本市场的存在会导致资源配置的无效率,多元化企业的高层经理和中层经理之间存在委托代理关系,中层经理的寻租行为将会提高他们的谈判能力,从高层经理那里得到更多的补偿;但是由于高层经理也只是投资者的代理人,因此这种补偿不可能采取货币工资的形式,高层经理也更可能采用另外一种方式补偿中层经理,那就是对他们所负责的部门分配更多资源,这样必然导致资源的无效配置。

2.5　内部资本市场的实证财务检验

自 Stein 基于委托代理理论建立了内部资本市场效率的分析模型后,对内部资本市场的效率检验成为内部资本市场的研究重点,内部资本市场的实证研究围绕在两个方面,内部资本市场的存在性和内部资本市场的效率,后者经常与对多元化的溢(折)价的解释密切相关。

2.5.1　内部资本市场存在性的检验

将内部资本市场扩展到 H 型控股公司后,对内部资本市场存在性的财务学检验主要是从多元化角度展开。20世纪90年代前后,对企业多元化(Divisional)的研究大量出现,许多研究将内部资本市场的存在作为解释多元化的重要因素。一大批研究从战略管理或产业经济学角度研究了多元化,并集中于对多元化折价和溢价之谜(Divisional Value Puzzle)的解释,而与前述均衡分析方法不同的是,财务学中对内部资本市场存在的检验多是基于 Lamont 建立的检验方法。

Lamont 建立其方法的缘起是对流动性与投资性的相关性检验。这一相关性的研究也是基于 FHP 模式的。在 FHP 之前,尽管认识到现金流对投资的影响似乎是很明显,但由于现金流和投资似乎都受投资收益率动态变化的影响,从而使这种相关性的研究不太容易进行。其后财务学研究开始采用 Tobin 建立的 Q 理论,在估计方程中增加控制变量 Q 以消除这种收益不确定性的影响,但 FHP 认为 Q 更多的只是度量未来收益机会,将其用于分析当前时段的投资产出率时会产生偏差。因而 FHP 模型考虑了不同时期和不同企业投资收益率的差别,建立如下的模型:

$$I/K = a + b_1 Q + b_2 \text{CASH}/K + b_3 \text{YearDummy} + b_4 \text{FirmDummy}$$

其中 I 为投资,K 为期初资本存量,CASH 是现金流(它可以是存量或流量),YearDummy 是对时期的控制,而其中的主要困难是 FirmDummy 变量的选择标准。FHP 模型中是采用股利支付率的高低进行分类的,而 White 在此基础上则采用了债券信用评价划分标准。

对 FHP 模型的改进主要用两个方法:一是对托宾 Q 值的控制不考虑企业差别而直接考虑宏观经济所决定的信用政策的变化变量;另一种是受 Fama 三因素理论的影响,直接用企业规模的大小来控制托宾 Q 值,而在此前 Poterba 也指出投资小企业的 Q 值度量的精确性差。

　　Lamont 认识到,用企业规模和宏观信用政策来控制并度量投资与现金流关系的研究会忽略企业内部资本的配置作用,同时大企业中不同分部的 Q 值本身并不相同。于是就试图采用 FHP 方法利用分部数据进行检验投资与现金流关系,但 Lamont 感觉这种影响在于内部资本市场的配置行为对业绩的改善(或破坏),因而他引入内部资本市场作为对投资与融资约束关系研究的控制因素。

　　Lamont 检验内部资本市场对 CI 的作用影响时,其零假设就是企业分部的资本配置是采用市场方式,内部资本转移的灵活性对投资行为的影响不大。为验证这一假设,Lamont 采用的是类似事件研究法,选择 1986 年的美国石油业的投资数据①。Lamont 对属于油品行业的 Chevron 公司的调查表明,该公司其他一些非油品分部即使处于好的机会时,其投资预算依然低下,Lamont 在此基础上,通过分析投资变化与各分部关联性程度以研究投资与现金流关系。

　　当前的多数内部资本市场研究都不约而同地将 Lamont 采用的类似事件研究法作为内部资本市场的存在性的经典实证检验方法。认为 Lamont 事件法为内部资本市场存在性的验证提供了具体的实证方法。实际上,Lamont 在 1997 年的那篇文献主要为验证投资与内部资金的关系,其中提到"通过检验,我一方面断言投资的减少与内部资金下降有很强的相关性,同时分部之间的依赖性也验证了不同企业合并的真实结果",实际上 Lamont 并未提供直接验证内部资本市场的存在性的方法,即便他认为"相对于 Lang,Ofek 和 Stulz 用企业层面的数据研究公司的投资额与投资机会,其研究采用的是企业分部数据,从而有

---

　　①　在美国 1986 年石油业降价风暴时,这段时期内国际原油价格由 1985 年底的 26.6 美元骤减到 1986 年的 12.67 美元。

利于检验内部资金与投资额的关系",其真正目的在于验证"多元化企业的分部与独立运行的聚焦企业不同",其结论也未涉及内部资本市场存在性的表述。但奇怪的是后续的内部资本市场研究都将 Lamont 的这篇文献作为内部资本市场存在性的经典文献,原因恐怕正在于 Lamont 首先运用了企业的分部(Segment)数据检验了投资与多分支内部现金流的关系。Maksimovic 和 Phillips 采用类似 Lamont 的检验方法,运用制造业中的分部单元的数据,检验联合企业(Conglomerate)的分支部门(其中也存在比行业生产能力差的分部)当存在一个正的需求变动时,会导致联合企业其他分支的增长加快。Ahn 和 Dennis 则采用了另外一种途径,他们通过对企业分部剥离(Spin-off)前后投资的变化来验证内部资本市场及多元化的效率,相对 Lamont 的研究方法,Ahn 和 Dennis 剥离前后投资变化的研究方法则因为对公司治理结构和企业资源因素的变化未作考虑,其结论同多数多元化的研究结论一样,"内部资本市场及多元化是无效率的"。

2.5.2　内部资本市场的作用与效率

(1) 多元化形成的内部资本市场能提高企业的业绩

Alchian 和 Williamson 认为内部资本市场存在于特定的组织结构中,科层的信息优势使联合大企业能运行一个高效率的内部资本市场,Williamson 深受 Chandler 对一体化企业中的管理效率分析的影响,也认为通过兼并与收购等形式形成的联合大企业一旦采用 M 型组织结构和控制模式后,通过内部资本市场配置资本能有效地减少交易成本。Lewellen 指出多元化企业中现金流量相关度较小的不同业务单位能够产生共同保险效应(Co-insurance Effect),从而能发挥财务杠杆的税收效应。Hubbard 和 Palia 对美国 20 世纪 60 年代的并购的实证研究发现,资金充足的企业兼并融资约束的企业后,其收益会增加。

1999 年 Hadlock 等人认为多元化形成的企业集团通过集

权管理,加强对分部管理者私有信息的掌握能减少信息不对称的影响。Donaldson 也有相似的论述:高级管理层最具决定性的选择就是在竞争性的战略投资机会中选择最优机会分配资源。这一方面的论述在模型方面的支持来自于与内部资本市场理论有关的机制设计和委托代理模型。其中以 Gertner,Scharfstein 和 Stein(GSS)的研究为起点,他们在分析内部资本市场的有效性时认为,由于总部比外部融资主体具有信息优势,能把资源用在最高效的地方,具体表现在对预算项目的"选择胜者"(Winner-picking)上。随后 Stein 在分析内部资本市场的最优规模及范围时,进一步建立了内部资本市场效率和外部资本市场的效率度量标准,其模型是通过两分部的投资项目在内部和外部融资条件下的收益与成本比较。Bernardo 则单独分析了 GSS 中的管理者激励结构,他建立了一个双层代理的模型框架以解释内部资本市场中的代理问题。

(2) 多元化形成的内部资本市场不能提高企业业绩

对多元化形成的内部资本市场并不总是能提高财务业绩的结论多形成在实证研究领域。在 90 年代前后,内部资本市场效率的实证研究围绕多元化的价值效应展开。这段时间对多元化企业折价或溢价的研究大量出现,相当多的实证研究提供的证据表明:由于多元化企业存在跨部门交叉补贴的情况,多元化经营减少股东财富和企业价值。Morck,Shleifer 和 Vishny 的研究表明 20 世纪 80 年代多元化收购会减少股东财富。Lang 和 Stulz 则建立了多元化经营和企业价值关系研究的实证新方法,他们发现托宾 Q 值与企业多元化呈负相关,即便在控制了企业规模、业务分支和经营业绩后,托宾 Q 值与多元化经营依然负相关,但在对多元化的折价的原因解释上,Lang 和 Stulz 则认为托宾 Q 值体现的是技术因素和竞争战略的效果,内部资本市场并没有发挥太大的作用。

同样,Commet 和 Jarrell 的研究集中于 1978—1989 年的数据,通过对这段时间的多元化价值分析,他们否定了内部资本市场的共同保险效应,但他们指出内部资本市场的规模优势主要是体现在构建内部融资渠道上。他们对 1978—1989 年在 NYSE 和 ASE 交易所的上市公司业务集中度与股东财富关系进行实证研究,除了发现在 80 年代公司业务集中化是一种稳定的趋势外,多元化企业并没有利用内部资本市场共同保险效应提高债务融资比重,与同期的单业务部门公司的债务从 1979 年上升到 1988 年的 55.7% 相比,多部门企业的债务增长不多,后者只从 33%～34% 增加到 38%～40%。

Berger 和 Ofek 将研究的数据集中在 1986—1991 年,他们的研究同样表明了多元化折价的存在。这段时间平均而言,多元化企业相比聚焦(Focus)企业会有 13%～15% 的价值减少,但当多元化企业的行业集中度提高时,价值损失较小,他们认为价值损失的主要原因是多元化企业存在过度投资和交叉补贴,但他们却认为,多元化所形成的内部资本市场使企业举债能力适量增加。

Shin 和 Stulz 采用 Lamont 的研究方法,对 1980—1992 年间提供分部报告的具有代表性的企业进行研究,分析了多元化公司里最大与最小部门的投资,得出了内部资金市场是积极的,但不是有效的结论。多元化企业分部的投资严重依靠其他分部的现金流,不过,分部投资对本部门现金流的依靠比对其他部门现金流更强,本部门现金流减少一美元对本部门投资产生的影响是其他部门现金流减少一美元产生影响的 6 倍多。这一结论暗示着没有证据表明部门的投资只受企业现金流的影响,而不受本部门现金流的影响。同时在多元化程度较高(10 个以上部门)的企业,部门投资依赖自身现金流的情况比单独企业要小。

对于实证领域出现的内部资本市场无效率的结论,Lamont

和 Polk 假设这种结论也可能是托宾 Q 度量的价值变动的度量误差所导致,因而他改进了 Q 的计量方式,其模型建立在对多元化投资的差异度量上,即:

$$\sigma(I_j/TA_j)=\sigma_N(I_k/A_k)+\sigma_x$$

其中 $\sigma(I_j/TA_j)$ 是企业分部变化后的各个分部的投资/分部资产的标准差,而 $\sigma_N(I_k/A_k)$ 则是以上一年度的分部结构(不考虑新分部时)的投资/分部资产的标准差。这两者都是可以求出的,从而可以得到 σ_x。对$(Q-\bar{Q})_{i,t}=\beta_0+\beta_1\Delta\sigma_{N_i,t}+\beta_2\Delta\sigma_{X_i,t}+\beta_3(Q-\bar{Q})_{i,t-1}+\beta_4\Delta\sigma_{i,t-1}+\varepsilon_{i,t}$ 的回归结果表明此时回归结果更为显著(大得多的 R^2 值)。

前述基于 FHP 的内部资本市场存在性和效率的检验都表明了融资约束的存在。但在内部资本市场的有效性方面结论有所不同,正如 Lang 和 Stulz 的判断:多元化中的内部资本市场作用不如多元化在技术和市场及竞争上带来的作用大。

2.5.3 多元化与内部资本市场文献回顾

本部分及第四节对内部资本市场及多元化理论的回顾,目的在于在此基础上形成本书的实证分析框架的基础,通过文献回顾发现,现有的研究基于多元化研究内部资本市场理论时存在两个缺陷:一方面从多元化角度研究内部资本市场时关注投资和业绩效率的结果,缺乏对代理成本的考虑和对融资约束问题的权衡,但这两者恰恰是现代公司财务理论分析财务问题的关键环节;另一方面在基于融资约束和代理成本的财务学著述中,却又是从整体上的企业投资角度考虑,没有引入内部资本市场的分析模式。此外内部资本市场实证文献中,多数研究重点在于检验融资约束对投资行为的影响,而对由多元化产生的代理成本的实证检验则相当少。内部资本市场的实证研究中存在的这种理论割裂和代理成本实证检验的缺失,促使本书将内部资本市场与融资约束和代理成本相结合进行研究,在此基础上形成一个完整的内部资本市场实证分析框架,这一分析框架将会有助于对中国上市公司内部资本市场运行效率的解释。

2.6 小结

　　本章的文献回顾首先分析了资本预算的发展历史,总结了与资本预算有关的投资理论,研究了影响资本预算的融资约束和代理成本的两个财务因素,并对资本预算对应的多元化和内部资本市场理论进行了回顾。文献回顾表明在 FHP 之后,公司投资与财务结构关系的研究进入公司财务理论的主流;随着 20世纪 90 年代 GSS 将内部资本市场理论从标准的委托代理问题角度重新表述后,资本预算理论在内部资本市场分析框架得到进一步的发展。

　　本章还在这些研究回顾基础上构建了本书研究的主要内容框架,为后续章节做了铺垫。由于传统的资本预算理论不能有效地反映组织环境和财务结构的影响,因而要构建内部资本市场的分析框架展开对资本预算行为的研究。由于资本预算采用期权分析方法在反映激励机制上的不足,本书基于新古典投资理论并引入动态分析方法,研究信息不对称和代理成本下资本预算的最优决策模型。而当从内部资本市场角度研究资本预算时,对重新表述和建立资本预算契约模型也将成为本书的重点研究内容之一。最后,根据这种分析逻辑建立的内部资本市场和资本预算分析框架如何作用于中国上市公司,如何基于此检验中国上市公司内部资本市场效率? 这将构成本书实证研究的主要目标。

第3章　内部资本市场的结构、运行和效率

内部资本市场理论是现代产业组织理论、企业理论与公司财务理论的结合,该理论将资本预算理论融入一个特定的组织框架中展开。Modilianni 和 Miller 在构建现代公司财务的理论基础时,采用的是新古典经济学的分析思路,且基于阿罗—德布鲁的一般均衡框架,因而其对象是一个"黑箱型企业"的公司财务问题,远不足以对特定企业(如 M 型企业、集团企业)的财务行为和财务现象进行解释。一直到 Jensen 和 Meckling(JM)之后,公司财务理论才开始真正深入企业内部,开始考虑企业内部的代理和激励问题,而这种分析框架在之前的均衡分析中不可能形成。随后,JM 的分析方法被 Grossman 和 Hart 及 Hart 和 Moore 进一步建立在产权及契约分析基础上,围绕激励问题建立了完整的财务契约理论,此时公司财务的经济分析与企业理论相结合,公司财务的经济分析基础已然规范化。接下来很自然的逻辑是如何运用这些理论结合公司特定的财务行为进行解释和理论拓展,其中对特定的组织结构(如 M 型的多角化企业)进行最优配置(均衡)和最优控制(激励)的研究就与内部资本市场理论密切相关。本章就在这一系列理论逻辑下研究内部资本市场的理论构成,并将其内置于一个制度(结构)—运行(行

为)—绩效的分析框架中①。

3.1 内部资本市场的内涵

3.1.1 内部资本市场理论的起源

企业内部资本的重要性在工商业发展过程中起到关键作用,多数经济史学家和管理学家都赞成内部资本比外部资本更为重要,熊彼特在其《经济理论与企业家史》一书中说:"对企业家的民意调查或许显示,平均来说企业领导人都愿意自筹资金而不愿到银行贷款。"1972 年诺贝尔经济学奖得主希克斯在其《经济史理论》一书中论及现代工业革命与资本的关系时谈到,"各种借贷性外部资本获得的容易与否只是内部固定资金的一个流动性保障的关键因素"。钱德勒在《看得见的手》一书中分析 19 世纪后期企业发展动因时,指出"结合了生产和分配的企业在资本来源方面的确具有自己的优势,那就是它们拥有从内部产生的、更大得多的资本供应,尽管当时美国的资本市场的资金供给充足"。但在 20 世纪 70 年代之前,由于缺少一个组织内部的经济学分析框架,这些观点还不足以推动建立一个有关企业内部资本配置的理论。

将内部资本与企业理论相结合的早期研究来自于阿尔钦,在分析通用汽车管理效率来源时,阿尔钦提到了"内部投资资金市场"(Internal Investment Funds Market)的配置效率,他在描述通用公司的管理时写道:"通用公司内部的投资资金市场是高

---

① 制度(结构)—运行(行为)—绩效(Structure-conduct-performance,SCP)源自于 20 世纪 30 年代在哈佛大学梅森领导下的产业组织研究小组建立的产业分析方法,在分析产业组织中的有效竞争时,梅森将产业形成的市场从结构和绩效两方面分析;随后贝恩以实证研究为主要手段,将产业从其结构、行为和绩效三个方面对其进行分析,由此形成了 SCP 分析框架。

度竞争性的并以非常快的速度使市场出清,使得借贷双方的信息有效程度要远比一般外部市场高。事实上,我估计通用公司财富增长的最大原因来自于其内部市场资源的交换与分配,它来自人员与决策信息的优势。"

而对内部资本的"市场化"描述则要归功于 20 世纪 70 年代新制度经济学的发展催生的内部组织经济学的分析框架,1974年 9 月在宾夕法尼亚大学举办的一次协会上,诺贝尔经济学奖得主 Spence 试图建立"内部组织的经济学"(Economics of internal organization)这一概念来表明新古典经济学方法深入到企业组织的内部研究,他甚至对内部组织经济学下这样的定义:内部组织经济学这一名称是替代旧的"企业理论"(The theory of the firm)这一叫法而产生的新词汇。在该同期刊号上登载了多个关于内部组织的经济学分析的相关文章,他们分别试图建立"内部产品市场"(Arrow)、"内部劳动力市场"(Radner,Wilson)和"内部资本市场"(Williamson)的理论研究框架。

此后,Williamson 在其《资本主义经济制度》一书中继续强调纵向一体化的 M 型企业中内部资本市场的存在。不同于早前的经济史学家及 Alchain 等的论述中只强调"内部资本的重要性",Williamson 将内部资本市场直接与 M 型组织(见图 3-1)对应,将内部资本市场视为 M 型企业效率的动因,在论述 M 型组织的内部资本市场的有效性时,从其核心的交易成本分析,并断言:"由于交易成本的存在,M 型结构的公司具有许多'微型资本市场'(Miniature capital market)。"由于 Williamson 建立了内部资本市场理论的组织结构基础和交易成本分析法,而这两者恰恰是运用公司财务理论对内部资本市场理论进行分析的关键环节,因而后续的研究都将 Williamson 视为内部资本市场理论的奠基者。

3.1.2 资本交易内部化的两种解释途径

如前所述,组织经济学试图对市场交易"内部化"的解释成为内部资本市场理论形成的原动力,但在对交易内部化的经济解释中,组织经济理论的分析对象是基于产品和劳动服务的内部化及其所对应的组织结构,更确切地说是对 20 世纪初以来企业水平一体化、纵向一体化及多角化经营动因和过程的研究。图 3-2 中的黑色小圆形表明独立的企业或制造单元,典型的内部化过程表现为水平一体化、纵向一体化或两者结合的多角化。从一般意义上解释,新古典经济学认为这种一体化的形成是分工及其带来的专业化的双重结果。

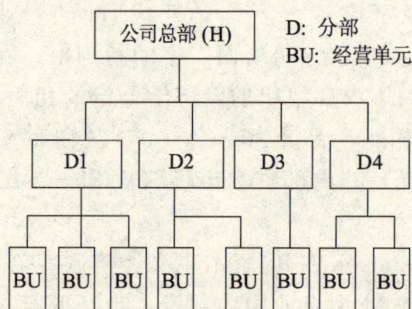

图 3-1　M 型组织

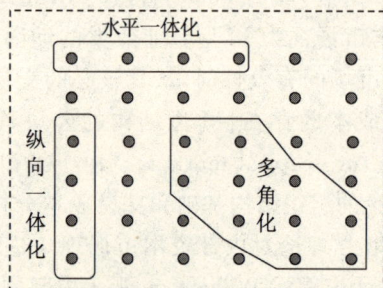

图 3-2　市场的内部化

（1）产业组织理论的解释

产业组织理论从多角化的演变展开，寻找产业角度的多角化或多元化企业（也就是 Williamson 所谓的内部资本市场）的形成过程及其动因。这种理论探讨尽管不能解释内部资本市场的运行机理，但它实际上描述了内部资本市场的演化历程和变迁动因。总体说来，自 19 世纪末开始的西方国家的企业合并呈周期性，具体可以划分为两个时期。

第一阶段发生在 20 世纪 60 年代以前。对此阶段的合并动因，Chandler 认为：尽管资本市场起着直接的推动作用，但市场和技术是企业合并的关键。在对 19 世纪末开始的企业合并进行了系统的分析后，Chandler 认为企业合并的直接动力是市场竞争压力压缩了企业的利润空间，早期基于商业模式运行的新兴工业企业为追逐垄断定价权而建立企业联盟，同时生产和制造的技术决定了达到垄断定价权需要足够的企业规模，这些也不是企业自身的现金流量所能实现的，这促成了托拉斯这种合并形式的产生。而就资本市场在合并中所起的推动作用方面，Chandler 则是对 19 世纪 90 年代前后的两次大规模的合并比较分析得出的。对前一次的合并，Chandler 认为资本市场对这些新兴产业普遍持谨慎态度，参与度小，但这些合并成功的托拉斯通过管理组织和管理技术的改进所获取的合并成功，促使了资本市场对 1903 年后的合并有更多的参与，从而促进了更大规模的合并。在 Chandler 看来，多样化经营战略本身很可能会破坏企业价值，除非建立与之适应的多分支管理机构①。他总结 19 世纪末到二战结束前后成功的企业合并主要是那些处于相同行业的企业合并，他将这种原因归结为：合并最终要通过纵向一体

---

① Chandler 的这种观点深受 Williamson 欣赏，Williamson 在《资本主义经济制度》一书中反复引用这种观点。

化的整合,建立起集权化的管理模式才能成功。对 20 世纪 60
年代以前的企业合并形成多元化经营,正如 Chandler 所总结
的,除非建立类似通用汽车公司那样的多分支管理机构,否则面
临的必然是失败。这个结论的另一层含义就是 60 年代开始的
美国企业的联合大企业(Conglomerate)成功的背景是企业逐步
掌握了通用汽车(GM)所创造的 M 型组织管理技术。

　　第二个大规模的合并阶段是在 20 世纪 60 年代以后。这一
阶段的企业合并与前一阶段有所区别:20 世纪 60 年代以后的
美国企业的合并周期明显缩短,其多元化有一个主要特点,那就
是受经济周期影响较大。经济复苏时,经由企业合并形成多元
化经营的规模和数量都较大;经济衰退时,这些合并的企业通过
剥离形式减少多元化程度。这一点通过图 3-1 也能比较清楚地
看出。在 60 年代、80 年代中期及 90 年代,企业收购数量有明
显提升。

　　Goold 从战略角度对这一时期的几个多元化浪潮的原因进
行分析,他认为 60 年代以后的三次较大的企业合并(收购)是企
业应对经济周期调整管理战略、资源战略及公司层战略的结果。
但 Goold 强调 60 年代企业由于掌握了对联合大企业的成熟管
理技术(也许他就是指 Williamson 所描述的内部资本市场管理
控制方法),此时企业为了追求发展,基于对管理技术具有"复制
能力"的认识,同时从风险分散和资源协同的目的出发,兼并或
收购诸多上下游企业或建立新的业务单元,因而其合并数量也
是相当的大。而规模更大的 90 年代的企业兼并则是企业追求
核心竞争力的可管理业务组合的结果,因为 90 年代后,竞争格
局的变化要求企业的重组定位于建立资源优势并提高核心竞争
力,发展核心业务。而在七八十年代,由于企业以前为追求成长
建立的业务多元化,导致管理协调的困难和利益冲突,资源和利
益分配的代理冲突越发凸现出来,多元化经营出现价值缺口

(value gap),此时集团企业不得不采取业务重新规划或重组的措施来应对。

从上述美国并购数量与经济周期的关系看,Goold 从战略角度出发的分析模式也不乏道理,但另一方面,这种战略的成功调整也需要一个成熟的内部市场控制和管理方法。这种必要性也在实践上得到证实:Porter 对美国 1950—1986 年的 33 家大型企业的并购进行研究,发现超过半数的并购在 5~6 年之内最终还是不得不剥离出去。这种多元化的现象也令人深思,而且这种现象也很难完全用经济周期的变化来解释。就资本市场理论而言,这也派生了一个与之有关的问题:能被治理和有效控制的内部资本市场是否存在一个最优规模或边界? 这也是现代企业理论所力图解析的关键问题。

(2) 企业理论的解释

新古典经济学的企业理论是从规模经济和范围经济角度,基于生产技术函数进行的最优化分析。但这种解释对战后西方企业频繁出现的合并收购浪潮无能为力,对这种企业组织的动态演化寻找原因时,即便是源于奈特的不确定性经济理论及熊彼特对经济周期和企业家能力理论的解释也未能实现,更不用说,以萨缪尔森为代表的数理经济学对这种演化过程的数量分析和数理建模的难度更高。认识到这种基于"均衡分析"在解释组织演化的困难以后,经济学理论对这种纵向一体化的解释转向对"科层"形成原因的研究,由信息不对称、垄断和外部性所造成的"市场失灵"成为这种分析的起点。

Alchain 和 Demsetz 建立了所谓的"团队生产函数"来解释由专业化分工形成的团队生产的组织效率,团队生产似乎能用于解释团队方式生产的企业效率成因,但同样由于信息不对称,团队中的个人对自我利益的追求与群体效率之间存在某种张力①,组织内部同样也存在由于团队推卸责任(Shirking)所导致的组织失灵,这一点其实就是 Arrow 不可能性定理所蕴涵的内容②。为此 Jensen 和 Meckling 采用了委托代理的分析框架,建立了代理成本的企业理论,但由于 JM 的目的在于建立基于代理成本分析的企业理论的实证框架,因而他提出的基于代理成本的企业理论并不完善,在 Jensen 回头试图构建其基于代理成本的公司控制权市场理论时,Grossman 和 Hart 及 Hart 和 Moore 则先于他们建立了一系列基于所有权和控制权相关的产权分析的组织理论。

这些理论实际上是关于如何减少组织内的配置机制失灵的。既然组织内的民主或讨价还价不能解决这一问题,建立科层的权力自然成为这种选择逻辑结果,同时这种科层权力是通过特殊的激励性工资制度实现的③。但集权式的科层管理也同样存在组织内部知识运用和信息传递不对称带来的决策低效,特别当存在水平一体化运行的多部门结构时,管理科层的分权随之产生。这种围绕科层组织结构和科层权力的形成来源是 Coase 基于交易成本的制度经济分析的重要内容,在 Coase 看来,包括企业层级在内的制度的形成都是节约交易成本的结果。

上述企业理论的不断完善,形成了对交易内部化、科层及其

---

① 盖瑞·米勒:《管理困境——科层的政治经济学》,上海人民出版社,2002 年。

② Kenneth Arrow 提出了社会选择的一系列合意特征,然后他证明了:没有一个社会选择函数可以同时证伪所有这些特征。Arrow 以这一"不可能性定理"获得诺贝尔经济学奖。

③ 针对福特和通用汽车公司的管理特点成为现代企业理论的动力之一,企业理论在研究科层权力的激励机制时,都提到当时福特公司的老福特制订的当时远远超出市场工资率的 5 美元/日的工资标准。而在解释企业层级结构的效率动因时,不约而同地以斯隆在通用汽车建立的事业部制为典范。

权力形成过程的理论体系,而这种理论体系在用于解释产品和
劳务交易内部化的逻辑很清楚:产品和劳动交易过程复杂,信息
不对称导致产品和劳务的定价有很多不确定性因素,一旦这种
不确定性带来的交易成本由市场完成超过在科层内完成的成本
时,作为集权和分权结合的企业组织便会出现。但是这种逻辑
并不能完全用于对资本交易的内部化现象的解释。新古典经济
学和制度经济学在解释内部资本市场的成因时都缺乏说服力。
这表现在自 Williamson 建立内部资本市场分析对象后,内部资
本市场理论却没有多少进展①。资本交易的"内部化"更合理的
解释要从公司金融(财务)的视角展开,尽管后者也采取了组织
经济学的诸多分析方法,这种理论的缺陷实际上是对内部资本
市场核心的资本预算(配置)缺乏一个完整的多期动态的分析方
法,同时对预算过程的信息不对称下的预算租金的产生过程及
其与组织结构的关系难以描述清楚,这两部分的内容也是本书
后续章节的主要内容。尽管如此,上述的"均衡"和"制度"描述
还是对内部资本市场结构和运行准备了一个基本的分析框架。

3.1.3 内部资本市场的概念

应该如何定义内部资本市场? 从前述"内部化"理论的发展
可以看出,定义内部资本市场的关键在于对"内部资本"的认定
和对相关"市场"的划分方式。就前者来说,存在两种方式的资
本认定:一种是广义的基于制度分析的定义(对应上述的产业组
织和企业理论的解释),在这种定义方式下,"内部资本"是组织
的全部资源;另一种是狭义的基于传统资本预算及其激励问题

---

① 日本的组织经济学家今井贤一在其《内部组织的经济学》一书中指出:"尽
管产品或劳务的内部组织化的原因可以用交易成本分析,但在货币流通中产生内部
组织的原因并不十分清楚。"在他看来,作为商品的资本与劳动服务和产品相比,是
非常单纯的,交易双方对其性能和品质都十分明了。

的角度,在这种定义方式下,内部资本是对应的"内部资金"资源。

(1) Williamson 制度视角的内部资本市场。Williamson 建立了内部资本市场的分析对象并最终将其定义为一种组织制度。但他在不同时期对内部资本市场的定义有所不同,在早期的定义中,Williamson 顺应了当时组织经济学将市场理论用于对企业微观解释的思路,将内部资本市场定义为企业各部门围绕内部资金展开竞争形成的"市场",但关于内部资本市场如何形成竞争性均衡定价这一点并没有体现在 Williamson 的交易成本分析框架中[①]。因而 Williamson 在随后对内部资本市场的阐述中直接将 M 型企业视为内部资本市场[②],因而此时的内部资本市场则应体现为具有特定的组织结构和对应的控制(治理)机制的制度。如此一来,内部资本市场的定义可以被理解为对组织资源(产品、人力、资本、技术等)的一种运行制度和配置机制[③]。内部资本市场实际上还是组织经济学亦或政治经济学的一个研究对象。

(2) GSS 激励视角的内部资本市场。GSS 对内部资本市场

---

① Williamson 的交易成本分析模式是基于行为人的有限理性和追求私利的动机,针对特定的组织运行具备其资产专用性、各自行为的不确定性和交易频率的影响,在此基础上研究特定的治理结构(组织制度)的契约效应,这种制度结构的经济分析在分析内部资本市场的效应时并不能很好地展开。另一方面,内部资本的"市场化"要归结到一个竞争性定价,而大企业的科层权力配置机制与市场配置机制并不一致。

② 在《资本主义经济制度》一书中,Williamson 认为"这种微型资本市场针对 M 型组织原则的联合大企业(Conglomerate)时,最好还是把它看成一个内部资本市场(Internal capital market),因为它把各条渠道的现金流量集中起来,投向高收益的领域"。

③ 20 世纪 70 年代到 90 年代,公司财务领域未能形成有效地发展内部资本市场理论,在主流的财务期刊中极少出现有关内部资本市场的研究论文。

从公司财务角度进行了新的定义,将内部资本市场定义为"融资约束下资本预算的胜者择优(Winner-picking)的内部资本配置机制"。GSS 是在讨论企业内部资本和外部资本不同的效率优势时定义内部资本市场的。GSS 将这种效率分析归结为以下几个核心问题:如何保持对公司总部的激励和监督? 如何减少分部管理者的失责行为? 内部资本的分析方法是什么? 尽管这种问题也同样存在于 Williamson 的内部资本市场的制度分析框架中,但 GSS 从剩余控制权的角度展开,外部资本与内部资本的主要差别在于剩余控制权的不同,GSS 的分析将内部资本市场与公司财务理论主流的代理成本相联系,并将这些研究主题围绕资本预算展开。内部资本市场在这种分析视角下成为一种激励机制设计的问题,从此融入主流的公司财务理论研究领域。

从目前的研究现状来看,设定一个内部资本市场概念框架要围绕以下几个内容进行:

(1) 内部资本市场的"资本"是指特定组织的内部财务资源。内部资本市场针对某一特定的组织结构,这也是 Williamson 后期对内部资本市场定义时所着重强调的(而且他将内部资本市场直接对应着 M 型组织),即内部资本市场总是与特定的组织结构相对应。另一方面内部资本市场的对象是这些分部组织的财务资源。这一假设在 GSS 的研究中被最先建立,随后 Lamont 及 Shin 和 Stulz 也将内部资本定义为"现金流"(在分部间的转移),后续研究也基本沿袭这种分析思路。在早期国内的研究中也将内部资本限定在财务资源范围内。但后续的部分研究却将内部资本市场的对象扩展到包含人力资本、信息资本、财务资源和关系资本在内,将其定义为"所有要素总和"①。

(2) 内部资本市场的核心功能是围绕内部资本的配置和激励。从财务视角看,独立企业的资本配置是通过资本预算的方式实现的,而对多分部的企业而言,资本预算尽管也是主要的配置方式,但内部市场中存在关联交易时,以融资行为为主的非结算交易也是内部资本配置的主要方式。内部资本市场是财务学投资与融资理论的结合,这种结合体现为对代理成本和融资约束的权衡结果,而这种权衡就是在"内外部资本的替代"中做出选择。从这一层面而言,内部资本市场理论是主流的融资优序理论(Pecking order)在多元化组织的体现及其在资本预算理论上的扩展,在这一假设下,我们可以避开价值创造的管理控制过程而关注财务决策行为本身。另外内部资本市场理论强调事前的激励契约的设计,强调围绕资本预算设计有效的激励契约。这是 JM 代理成本进入"黑箱型"组织内部的更为合理的分析工具和应用途径。

(3) 内部资本市场的效率体现于对投资机会的利用。就独立企业而言,投资效率体现为其业绩(会计业绩或市场业绩)的高低,比较投入产出是这种方法的核心(如资本预算的 NPV法)。对内部资本市场来说,效率度量存在于两个阶段,每一阶段都有不同的方法。早期阶段基于多元化的研究,采用的是业绩(收益)结果的度量,即通过分析不同多元化程度对企业业绩变化的影响,或者相对行业平均报酬率的高低,以此来度量内部

---

① 实际上,这种大一统式的定义对财务学理论中建立内部资本市场理论毫无用处。其实这种定义方法在 Williamson 的研究早期被采用过,但按这种思路让随后的内部资本市场理论研究进入死胡同,直到 GSS 重新定义"内部资本"的"现金流"含义后,财务学对内部资本市场的研究才能继续展开。

资本市场的效率高低。随后自 Lang 和 Stulz 开始将多元化企业对投资机会的利用程度用于对多元化投资效率的度量。因此,分析内部资本市场效率时要综合业绩效率和对投资机会的利用程度这两方面的内容。

实际上,过分强调如何定义内部资本市场并无太大的意义,但应该明确,作为公司财务学的理论分支,内部资本市场与公司资本预算密切相关。基于 Williamson 定义内部资本市场时对组织结构及其制度的关注强调,并结合 Stein 定义内部资本市场时对资本预算的强调,本书给出财务学视角的内部资本市场的定义。

定义 3.1　内部资本市场是指特定组织结构的资本配置行为,它权衡投资机会,考虑代理成本和融资约束的影响,对内部财务资源在组织的不同部门间进行最优资本配置和最优激励。

本书以上述内部资本市场概念及所蕴含的理论框架为研究基础。为进一步明确内部资本市场理论的构成,本章余下的内容将围绕组织结构(制度)—内部资本市场运行—内部资本市场绩效的分析框架阐述内部资本市场的理论构成。

3.2　内部资本市场的结构和分类

3.2.1　内部资本市场与组织结构

内部资本市场作为组织内部的资源配置机制,与企业的组织结构形式密切相关。在早期的内部资本市场理论(特别是 Williamson 定义的内部资本市场)的定义框架下,强调只有 M 型企业才存在内部资本市场,此时的内部资本市场重视 M 型组织的集权和分权结合的特点,认为集权的资本配置决策和分权的资本配置行动相互配合,共同发挥作用,这一点在产业组织经济学领域更被认为如此。Hill 在研究 M 型企业的内部资本市场时,指出除 M 型的企业外,其他结构类型由于其过分集权或过分分权的特点,一般说来不存在内部资本市场。具体如表 3-1 所示。Hill 的研究表明在 H 型组织中内部资本市场的作用很小,甚至不存在内部资本市场,同时即便在 M 型组织结构中,关联多元化(Related diversification)情况下建立有效价值链控制系统的作用也比利用内部资本市场的效果更为适合,这一分析思路也长期被后续内部资本市场研究所承袭。

表 3-1　Hill 对内部资本市场存在与组织结构关系的划分

组织结构类型	主要特点	ICM 存在
M 型(Multidivisional)	多业务分支结构,公司层战略与业务运营的分离(经营分散),有集中的战略与财务控制系统	最适合
CM(Centralized-Multidivisional)	集中型多分支结构,公司总部对经营决策集中控制	不适合
H 型(Holding Companies)	以控股为特性的分权自治,总部缺乏对分支的控制,不会在内部竞争性地调配现金流	不存在
U 型(Functional Centralized)	直线或直线职能型的绝对控制,无分支单元的功能集中型企业	不存在
X 型(Mixture of U/M)	U 型和 M 型结合,单一产品生产的纵向一体化	不存在

但认定 M 型组织是内部资本市场的唯一存在是否具有合理性? 实际上,Williamson 和 Hill 将内部资本市场与 M 型组织结构对应具有很强的美国企业组织的运行背景。美国对控股公司的监管一向比较严厉,在美国的制造业中,控股公司结构不太流行。到二次大战前夕,"在大的美国工业公司中,已经几乎

没有人仍然利用控股公司来管理他们的生意"①。同时二战后的企业间兼并和收购现象呈现出周期性,这种多元化的反复使学术界对内部资本市场在 H 型公司的作用是否真正存在抱有强烈的质疑,在此背景下,才使得 Williamson 认为,控股公司不具有内部资本市场的特征,对这种频繁出现的兼并和剥离现象,他们也更多地从组织战略和资源角度进行解释。

但是这种解释在东亚国家及新兴工业化国家未必适合,例如日本和韩国都存在大量的企业集团,这些企业集团具有与美国公司不同的运行特点和金融制度,一般说来这些企业集团的内部成员间的关系远比美国控股企业间的关系稳定。在日本,企业集团成员企业形成了相互持股、企业集团内的主银行和管理层的兼任派遣制度②。这种稳定的企业集团成员关系使内部融资成为重要的渠道,因而日本企业能在保持高负债率的同时又能保持高比率的现金流量,这主要靠企业集团内部资本的配置来实现。韩国企业集团也有类似的特点。

因而将内部资本配置的功能局限于 M 型企业就缺乏现实基础。实际上,就资本配置的效率分析而言,20 世纪 90 年代以后的产权分析框架已经超越了对企业科层式的委托代理关系的分析。因此 GSS 建立的内部资本市场激励机制分析框架认为,就资产配置的剩余产权而言,除了 M 型,显然在 H 型组织中依然存在着分工和代理现象,基于产权视角的内部资本市场依然存在并发挥作用。这种研究方法将内部资本市场更完整地引入公司财务领域:尽管不同企业组织形式和控制机制有所差别,但只要存在多分支结构,就涉及内部资本(或内部财务资源)配置

---

① 钱德勒:《看得见的手:美国企业的经理革命》,商务印书馆,1987 年。
② 赵旭梅、夏占友:《日本企业集团的金融制度》,对外经济贸易大学出版社,2006 年。

的问题。这就是为什么自 GSS 后,内部资本市场理论很少只将 M 型组织结构作为其唯一的分析对象的主要原因,随后的研究中也有涉及 H 型企业集团的研究。国内的多数有关内部资本市场的研究则是另一种情况,由于 M 型内部资本市场研究数据的缺失,对内部资本市场的研究反而强调 H 型内部资本市场,建立基于案例法的 H 型组织内部资本市场理论研究。本书也按组织类型对内部资本市场进行分类。

3.2.2 内部资本市场的分类

(1) M 型内部资本市场

图 3-3 所示的是 M 型内部资本市场(M-ICM),该类型内部资本市场具有如下两个主要特点:

一方面,资本市场是与组织的 M 型科层结构相对应的,图中的 BU(Business Unit)表示业务单元,此时公司总部通过多种外部融资方式筹集必要的资金在分部间分配,内部资本市场功能的实现在于资本预算方法的运用,并且多数是通过建立预算中心,公司总部(Headquater)预算决策的功能由预算中心实现。

另一方面,在这种结构中普遍存在一个内部产品或劳动力市场。内部资本市场在不同分部间的预算项目权衡时,客观上涉及内部产品市场和劳务市场的转移价格的确定。尽管现在的多数研究将这种转移价格视为一生产(技术)函数的构成内容,但它确实在真实地影响着内部资本配置时的收益确定和相关的激励契约设计。Mauer 采用动态分析的方法分析了投资与融资的关系,建立了一种产品柔性(Production flexibility)与财务柔性(Financial flexibility)的分析框架,其产品柔性体现为对投资产品线的变卖或再投资,其模型表明了产品柔性对融资结构或财务决策有重要的影响。产品柔性影响财务决策的结论对内部资本市场的机制设计有重要启示,内部资本市场资本不能脱离产品市场而存在,其作用和机制与内部产品市场有密切的关系。

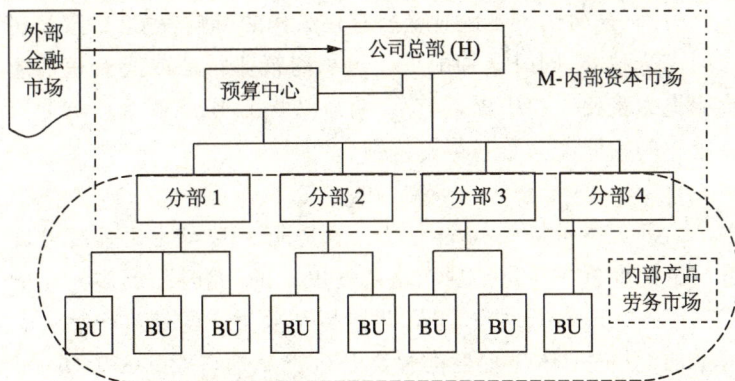

图 3-3 M 型内部资本市场

（2）H 型内部资本市场

与 M 型内部资本市场相比，H 型内部资本市场（H-ICM）可以理解为对 M-ICM 的一个扩展。此时的"内部资本"配置不再是以预算形式实现的，实际上此时也不存在一个具有类似科层权威的配置主体或预算中心，这时的内部资本是通过"关系交易"实现的，这时集团企业普遍建立"财务公司"对集团企业的整体资金进行统一的安排。

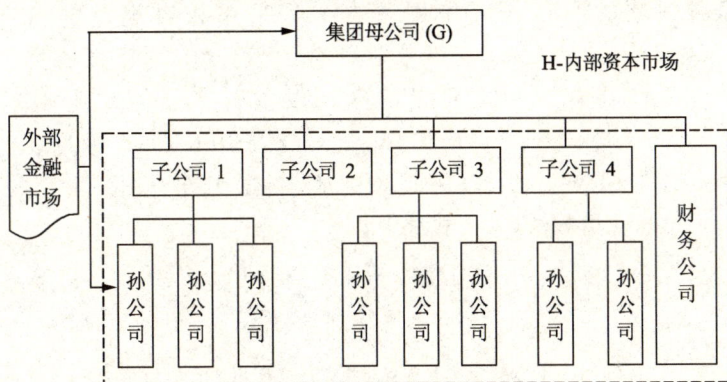

图 3-4 H 型内部资本市场

　　另外,这时的资本配置受所有权结构的影响较大,尽管公司之间完全独立,同时这种配置受组织的行业特征或所有权性质影响更为重要。在中国,国有企业与民营企业、家族企业与非家族企业的关联交易形式都有差别。

3.2.3　内部资本市场结构的度量

　　内部资本市场结构的度量一般是基于对多元化程度的度量。早期度量多元化是从战略角度展开的,此时强调多元化的产品形态。Penrose 提出多元化包括企业生产的最终产品种类的增加、纵向一体化程度的提高及生产基地(production base)数目的扩充。Wrigley 建立的类别法是根据企业经营的专业化比率,将企业的多元化经营划分成单一业务型、主导业务型、相关业务型和非相关业务型四种,而此后 Rumelt 对此方法做了进一步的改进,增加了对产品和技术的关联程度和纵向一体化程度的度量指标,将多元化划分为单一业务型、主导一体化型、约束主导型、联系主导型、非相关主导型、约束相关型、联系相关型、非相关业务型 8 种。总体说来,从战略角度度量多元化是基于对业务的分析,因而这种划分带有更多的主观性。而在公司金融领域的实证研究中则基本上是采用相对规范的 SIC(Security Index Code)标准来划分多元化程度。

　　Gort 将多元化度量是建立在以主营产品的专业比率(Primary Product Specialization Ratio, PPSR[①])的标准上,Berry 和 Mcvey 各自在此基础上建立了多元化程度的 Herfindahl 指数法,其公式如下:

$$\text{HerfinDiv} = 1 - \sum s_j^{\,2}$$

---

　　① Gort 的多元化划分实质上是将非主营产品所占比重的加总,$Div = 1 - PPSR = \sum s_j$,其中 S_j 是指非主营产品的销售额比例。

其中 S_j 是指各种产品的销售额比重,此时 Herfindahl 指数处于 $[0,1]$ 之间,其数值越大,表明多元化程度越高,单一经营的企业的指数为 0,平均分布的 N 个产品的指数为 $1/N$。

企业多元化经营的 Herfindahl 指数值大小受产品分类程度的影响,采用不同程度的明细分类时其计算的多元化指数不同。在美国有规范的 SIC 代码,产品类别有二位、三位和四位数 SIC 分类,例如四位的 SIC 码"2013",其中二位数 SIC 代码"20"表示食品及相关产品类,而三位数代码"201"则表示肉制品类,四位数代码"2013"表示加工肉制品类,国外的多元化的实证检验多是指四位数分类。而我国上市公司的分类代码是五位分类。如五位代码"C3101"中的 C 表示制造业大类,C3 表示造纸印刷业,C31 表示造纸及纸制造业,C3101 表示纸浆制造。但这种分类在企业会计报告附注的产品销售明细构成中则没有对应的分类。这事实上会造成对我国企业上市公司多元化度量采用 Herfindahl 指数法的困难。

基于多元化的 Herfindahl 指数有多种演化形式,如 Jacquemin 和 Berry 提出用熵方法(Entropy Measure)来描述多元化,其公式为:

$$\text{EntropyDiv} = \sum s_j \ln(1/s_j)$$

其中 S_j 的含义与 Herfindahl 指数一致。Gollop 和 Monahan 将 Herfindahl 指数加以改进,提出了广义 Herfindahl 指数 (Generalized Herfindahl Index),用以更详细地对企业内部产品的异质性(主要是成本异质性)进行度量:

$$\text{GherfinDahl} = 1/2 \left(1 - \sum s_j + \sum \sum s_j s_k \sigma_{jk} \right)$$

其中加入的 σ 用于表示异质性:

$$\sigma_{jk} = \sqrt{\sum (w_{jm} - w_{km})^2}$$

此时 w_{jm} 及 w_{km} 分别表示第 j 和 k 类产品对资源 m 的成本

比重,此时度量某一企业的多元化程度要求有更具体的产品构成数据。这种度量方法也演变为对企业多元化的相关多元化和无关多元化的度量。

3.3 内部资本市场的运行

3.3.1 内部资本市场的资本配置过程

（1）分部的项目类型与产出函数

考虑一个集权与分权结合的内部组织,存在一系列分部(或项目)$I=\{1,2,\cdots,n\}$,每一个分部由具有经营决策的分部管理者所控制,他们被授权独立地选择和利用投资机会,每一分部具有最初的可投资资本存量 X_i。分部 i 的投资收益可能高也可能低,取决于分部的项目类型"好"与"坏"两种情况:$t_i\in T=\{g,b\}$,在各自特定的管理控制下,对应着该分部特定的凹性产出函数为 $Y_i(K,t_i)$,即:$y_i(K,t_i)=\partial Y_i(K,t_i)/\partial K$ 对 K 是严格递减的。同时 $y_i(K,g)>y_i(K,b)$,即好项目的边际产出比次等级项目的边际产出要高。此时对任一个分部及其项目而言,存在一个最优资本投入 $K_i^*(t)=\mathrm{argmax}Y_i(K,t)$,容易得出 $K_i^*(g)>K_i^*(b)$。同时,该产出也受分部管理者的努力程度高低的影响,即 $e_i\in E=\{h,l\}$。

当管理者付出高努力时,项目取得好类型的概率为 p_i^h,而低努力水平时高产出的概率为 p_i^l,此时对所有项目而言 $0<p_i^l<p_i^h\leqslant1$,付出高努力时管理者的额外成本 $c_i>0$,低努力水平则不付出额外代价。分部管理者由于对资产具有控制权,因而需要一个剩余获取 $\alpha K_i>0$;另外分部管理者必须有一个正常报酬 w。此时,假设总部和分部管理者为风险中性的,则分部管理者的总收益是 $w+\alpha K_i$ 或 $w+\alpha K_i-c_i$,两者的不同取决于其不同的努力程度。

（2）内部资本配置的基本设定及配置过程

在 Stein 的标准模型的假设中,对公司总部具有如下的假设:首先,公司总部对分部具有集权的管理控制及相关的信息获取和预算决策权,同时分部有预算执行权,这一假设是内部资本市场的经济分析基础;其次,公司总部本身没有产出和可供投资的资本存量,但公司总部凭借其控制权会要求获得产出的一个剩余收益比例;最后,公司总部的控制权主要体现在对各分部的资本存量 X_i 被总部所支配在不同分部间转移。Stein 的这种设定对 H 型内部资本市场是否有效? 虽然 H 型内部资本市场的多分部间不存在这种"管理控制权",但由于 H 型企业也有相对稳定的控股关系[①],"内部"资本配置行为也存在。因此本书研究的重点虽然主要是针对 M 型组织的内部资本配置行为,但这种研究内容对 H 型组织的内部资本配置过程也有分析意义。

配置过程有着特定的博弈时序,一般说来,总部给分部确定一个初始的报酬 w_0。随后分部管理者采取对应的努力水平 e_i,不同的努力程度影响分部产出类型 t_i,产出类型被总部所观察,从而确定一个最优的投资量 K_i,存在内部资本的调配时,满足的资本约束为 $\sum K_i \leqslant \sum X_i$。而当存在多个配置目标和多期配置时,这种配置过程构成了多期、多代理的重复博弈过程。这种资本配置过程表现为社会化的内部资本市场配置过程,而这种配置是围绕最优规模和最优激励展开的,这一点将在本书的第 5 章展开讨论。

3.3.2　内部资本市场的最优规模

在新古典经济学理论中,资本的规模是指资本的总体规模(资本存量或流量),而内部资本市场中的规模则除了指内部资

---

① 例如日本集团企业的交叉持股、韩国企业存在基于家族控制的多个层级。

本的总量规模之外，还强调资本分配途径对应的结构。这种结构性规模在 M 型组织中，表现为分部（或项目）的数量多少[1]，而在 H 型组织结构中，则表现为控股公司的数量。这种结构性规模与内部资本的总量规模共同作用于组织的生产函数，并且相互影响。为说明这一点，我们不妨建立一个整合内部资本总量规模和结构规模的内部资本规模模型。

在上述基本模型框架下，由于信息不对称和代理问题的存在，企业不能通过外部融资渠道获得足够的外部融资，此时只能获取一个 $k_i = \lambda \cdot k_i^*$（$0 < \lambda < 1$）的融资金额，假设不存在其他的投入因素，则分部收益为 $Y(k_i, t_i) - r_e k_i = y_i - r_e k_i$，其中的 r_e 为分部通过外部融资渠道（External Capital Market）的融资成本。同样产出结果具有不确定性，在内部资本市场模型中，这种不确定性可能来自于内部控制失败也可能来自于外部市场，假设经营不善的概率为 p_i，此时以（$p_i, 1 - p_i$）对应两种产出结果（y_i，θy_i），其中的 $\theta > 1$ 表示经营良好时的产出增加。在没有内部资本市场控制时，其整体产出为：

$$\sum p_i y_i + (1 - p_i) \cdot \theta y_i - \sum r_e k_i$$

不失一般性，假设这些企业具有两类产出特征：高产出的 y_2 和低产出的 y_1。当这些独立的组织由集中控制形成内部资本市场时，此时总部可以对资金进行集中控制和分配，保证某一些分部的产量达到最优规模 $y_2 = Q(k_i^*)$，但另一些分部可能得不到足够的资金。此时产出可以表示为：

$$\max_l \{ l \cdot [(1 - p) \cdot y \cdot \theta \cdot y_2 + p \cdot \gamma \cdot y_2] + (\sum k_i - l \cdot k^*)[p \cdot y_1 + (1 - p) \cdot \theta y_1] - \sum r_e k_i \} \tag{3-1}$$

---

① 内部资本市场的规模强调分部（或项目）的数量，这一点在 Stein 的内部资本市场模型中得到体现。

满足整体的融资约束条件为：$\sum k_i - l \cdot k^* \geqslant 0$。

式(3-1)及其约束条件构成了内部资本市场边界的基本模型。

式(3-1)中的 γ 表示的是通过内部资本市场控制时，增加的控制环节导致管理者寻租行为所带来的效率损失，这也是 Hart 和 Moore 剩余控制权模型的体现。内部资本市场可以通过对式(3-1)的优化确定一个最优的投资结构规模，满足相关分部的最优投资，同时也可以利用余下的资金对其他的非高效分部进行投资。而当企业具有特定的特定结构(或产出函数)时，通过上述模型的优化可以确定一个最优的 l^* 值，其值就对应着最优内部资本市场规模。

同时，在式(3-1)中对满足最优投资后的资本存量也可以在一个局部范围内进行非最优化的投资，对应其中 $(\sum k_i - l \cdot k^*)[p \cdot y_1 + (1-p) \cdot \theta y_1]$ 的部分，从长期而言，这是内部资本市场控制的重点环节，企业可以通过资产重组或剥离方式对其进行调整，从而在最优边界下从事经营。此时的 k^* 是外生的，它取决于相关分部的生产函数，对此问题的进一步分析则涉及：$k^* > n$，即任何一个分部都没有达到最优产量规模，此时如果受较强的外部融资约束(即很难得到外部融资)，可能会出现利用 H 型企业进行对控股企业抽取资金，出现"利益掠夺"的情况。

3.3.3　内部资本市场的最优激励

内部资本市场的最优激励是指建立与资本配置方式有关的管理者激励契约，虽然内部资本市场资本配置的关键取决于融资约束程度的大小，但同时也与分部产出类型、管理者的代理成本和激励兼容约束有关。考虑前述内部资本基本模型中的资本配置时，我们用 K_b^* 和 K_g^* 分别表示资本足够时不同类型的最优资本配置量。一般情况下有：$K_t^s = \min\{K_{i,t}^*, X_i\}$，定义 $D = \min\{K_{i,g}^*, X_i\} - \min\{K_{i,b}^*, X_i\}$ 为投资敏感度，容易发现，当 $X_i < K_b^*$ 时，$D=0$；当 $K_b^* < X_i < K_g^*$ 时，$D = X_i - K_b^*$；而当 $X_i > K_g^*$ 时，$D = K_g^* - K_b^*$。当 X 很小时，企业面临很强的融资约束时，此时一般意义上是投资不敏感（不投资），因而当 $D>0$ 时，才存在激励问题，所以激励不是与直接的资本量 X 对应，而是与超出最低投资敏感性时有关，因而我们将 D 所体现的差额资本量视为激励的核心。

（1）一般情况下资本配置的管理者激励

我们首先考虑一般意义上的激励性契约与内部资本的关系。这时激励约束为：$(p^h - p^l)[w(g) + \alpha \cdot D] \geqslant c_i$，这个约束可以看成是紧的，因而解出最优的激励契约为：$w^*(g) = c_i/(p^h - p^l) - \alpha \cdot D$。这表明在不考虑内部资本市场配置时激励报酬取决于管理者的努力程度（正相关）、不同努力水平的成功概率差（递减）、管理者的代理成本（α）和投资资本的投资敏感度（D）。对这个问题的进一步分析是本书第 5 章内容，但通过此处的分析，我们看到投资敏感度在内部资本配置的激励中起着关键的作用。这种表述方式容易产生与现实中报酬相悖的误解：企业更多的投资（或资本量），报酬反而更少，因而要明确这里的 $w^*(g)$ 仅仅指融资约束大小对管理者的激励部分，现实中它可能是管理者激励契约诸多因素的一项构成。

（2）存在内部资本市场配置时的管理者激励

在多分部间进行内部资本配置时，总部建立的优化决策则依赖于对多个项目的类型的选择，这与前面分析内部资本市场的规模时类似。如果用 t_{-i} 表示其他分部的产出类型，这时的决策可表示为 $\max \sum Y_i[K_i(t_i, t_{-i}), t_i]$，同时满足约束条件 $\sum K_i(t_i, t_{-i}), t_i \leqslant \sum X_i$。而如果用 $E_{t_{-i}}[K_i(t_i, t_{-i})]$ 表示对

应类型的最优投资量,存在内部资本转移配置时,内部资本投资敏感性为:

$$D_i^{\text{ICM}} = E_{t_{-i}}\big[K_i(g, t_{-i})\big] - E_{t_{-i}}\big[K_i(b, t_{-i})\big]$$

此时同样可以采用上述的方法得出激励约束条件为:

$$w^*(g) = c_i / (p_i^h - p_i^l) - \alpha_i \cdot D_i^{\text{ICM}}$$

这一约束在紧约束条件下也成立,因而得出的内部资本市场下的资本配置的最优激励契约为: $w^*(g) = c_i / (p_i^h - p_i^l) - \alpha_i \cdot D_i^{\text{ICM}}$。这一资本配置契约的含义与上面独立企业的契约结构含义一致,都是管理者整体激励契约的一部分。

3.3.4　内部资本市场运行和治理框架

在内部资本市场运行过程中,有三种主要因素会影响内部资本市场资本配置行为的过程及结果:首先是与企业组织结构对应的企业信息结构及其传递方式;其次是总部和分部管理者在进行内部资本配置过程中所产生的代理问题;最后是内部资本市场运行和治理也与企业的风险控制机制紧密相关。

（1）企业信息结构的影响。影响内部资本市场的企业信息结构体现在资本预算过程中,由于投资项目本身存在不确定性,影响预算制订的产出函数和成本函数的相关因素对总部和分部而言都是事先不可验证的信息,相对而言,分部对这种信息结构的掌握比公司总部要更为详细;另一方面分部管理者的努力程度及与预算执行的隐性信息也是影响内部资本市场配置效率的重要内容,这两类信息的主要特点是在总部与分部、分部之间的信息不对称。对总部而言,如何刻画这两类信息结构成为预算契约设计的主要内容。内部资本市场信息结构的另一个重要内容是上述两类信息在不同分部及与总部之间的相关性,简单地讲就是某一分部的资本预算不只在资本存量上影响其他分部,同时在预算产出上也有影响。这会带来项目选择时的 Sen 悖论①,即由于子单元追求自利的行为会造成效率低下②,而内部资本市场运行首先可以看成是分部对其决策偏好的建立,此时多部门的运行会导致内部资本市场资本配置是次优的。如此一来 Stein 对内部资本市场配置的"胜者择优"(Winner-picking)过程将会变得复杂。当前的实证研究对相关多元化和无关多元化的投资效率的研究结果也表明:内部资本的配置效率受多元化经营的分部(产品)相关性的影响。

(2)代理问题的存在。内部资本市场中存在双重代理问题,一方面是分部管理的代理行为,另一方面是公司总部 CEO 的代理行为。这两种代理行为单独看与 Jensen 和 Mecklong 的代理成本分析模式没有太大的差别。但如果把这两种代理行为放在一起,内部资本市场的双层代理行为产生的一个直接后果就是共谋和共同卸责,Bernado 建立的内部资本市场模型就将这种资本配置视为一种社会化内部资本市场(Socialistic ICM),此时的预算契约会对高效率的分部失去大部分的激励功能,寻租行为的复杂化导致内部资本配置行为无效。此时对 H 型内部资本市场而言,则会出现"利益掠夺",尽管此种行为不完全是由于代理问题产生,但这会不合理地改变内部资本市场配置优化中的"融资约束"条件,会使相关的激励机制的设计失效。随着企业多元利益主体地位的差异增大,对管理者行为的控制并设计合理的契约机制变得越来

---

① Sen 悖论表明在多部门的多个决策方案之间,很难同时满足偏好的全域性、帕累托最优、传递性和最小授权时,例如 A,B,C,D 方案,在不同分部间会存在偏好的一个排序,最终会出现 A>B,B>C,C>D,D>A 的情况,此时的总部在不同项目间选择,而这种偏好排序的"闭环性"在单部门的选择中不可能出现。

② Cgabdker 在论文中描述了 20 世纪三四十年代 Sears 公司的权力下放所产生的系列问题。

越重要,同时由于集团企业中的分权机制使企业的多重代理问题加重,保证分部资本预算的有效执行需要更为合理的契约机制和激励机制。

(3) 风险控制的设计。企业各种来源的风险集中体现在其资产报酬率的不确定性上,传统的企业理论将企业风险分解为经营风险和财务风险,经营风险来自于竞争性产品市场的不确定性,财务风险主要来自于企业筹资方式的不同所带来的债务风险和破产成本风险。同时多数的管理实践中将这两种风险的控制割裂开来,其分界点便是资本预算,资本预算前企业要考虑到产品市场的成本和收益,采用多种资本预算折现方法确定投资项目的现值,然后采用项目择优的形式确定资本性支出;在此基础上确定其财务结构和筹资渠道之后,才考虑其财务风险。两种风险的控制机制缺乏相应的权衡,一般说来这是由于企业缺乏有效的公司层战略导致的。

除了这些主要影响之外,实际上,在上述两类内部资本市场中,内部产品市场和内部劳务市场对内部资本市场也同样有一定的影响,对 M 型资本市场而言,分部间的产品和劳务的转移价格会影响内部资本预算的制订过程,而 H 型内部资本市场中有时存在上下游企业的产品交换,或者是具有代理关系等其他关联交易时,内部资金也存在一种互利性的流通。图 3-5 是对上述这些基本因素权衡后形成的一个融合内部资本市场治理的基本框架。

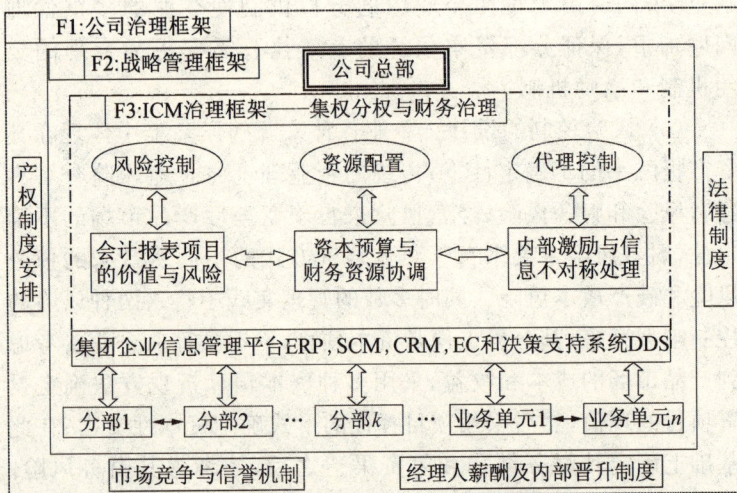

图 3-5 公司治理、公司层战略与内部资本市场治理的关系结构图

上述框架反映了集团企业存在内部资本市场时的如下特性：

（1）公司治理结构是公司战略和内部资本市场运行的基础。公司治理结构主要是通过产权制度安排、法律制度、市场竞争与信誉机制及其经理人薪酬及内部晋升制度决定的。产权制度安排涉及的是企业资源的契约性外部主体的利益分配机制；法律制度中的税法、证券市场法、合同法等法律规定了企业治理结构的刚性契约；由于信息不对称和企业经济的外部性存在，要求企业加强信誉机制参与市场竞争；高层管理者的激励机制及内部晋升体现着股东与管理者之间的代理问题的解决机制。值得说明的是，公司治理结构也间接决定内部资本市场的治理结构。

（2）公司层战略决定了内部资本市场的治理框架。如前所述，现代企业公司层战略的核心是要追求母合优势，使公司总部在业务机构的层级互动中体现出其业务指导、分部间协调、专业化或特质性的服务及成长决策。公司层战略的功能和运行机制在图 3-5 中没有列出,主要是因为其功能的实现主要是借助内部资本市场运行所采取的控制和平衡措施。

(3) 信息基础平台是公司层战略和内部资本市场运行的基础。多业务分支的企业由于其资源构成和信息流程的复杂性,必须要借助于先进的信息技术平台才能实现。一个设计良好的管理信息集成平台和决策支持平台是公司层战略和内部资本市场运行的技术基础。

(4) 内部资本市场治理结构是公司层战略的实现机制。公司层战略的系列功能大部分体现在内部资本市场的运行中,图 3-5 中所示的内部资本市场首先是权衡风险,这里风险包括债务风险、破产风险、资产流动性风险等诸多方面(船舶企业的外汇风险也是风险治理的重要内容)。风险控制主要是对各分支部门的财务报表所体现的财务结构的分析,结合风险控制制度进行综合治理。另外,在多业务分支的集团企业中,由于存在总部管理者与分部管理者、各分支部门之间的利益冲突,因而内部资本市场中的激励机制也要对公司治理结构所确定的激励制度进行必要的延伸,此时的代理控制也成为内部资本市场治理的重要内容之一。最后,对风险的权衡和对代理问题的协调最终体现在内部资本市场的资本预算控制中,实际上资本预算的控制制度一直是构成内部资本市场的核心问题。

(5) 建立于集权与分权基础上的财务治理是内部资本市场治理结构的本质表现。内部资本市场一般体现为内外筹资的渠道设计和利用机制,但其中体现的集权与分权的组织制度安排规定着内部资本市场的微观运行环境,在特定的分权安排机制下,通过风险控制、代理问题控制及合理的资源配置,构建内部资本市场的财务治理机制,这是内部资本市场的运行形式。总之,集团企业的财务治理机制规范和制约着各业务单元财务管理的形式和内容。

3.4 内部资本市场效率

3.4.1 资本效率的财务度量与结构关系

传统意义上的企业运行效率是指投入与产出的一种权衡关系及对其结果的度量,而对多元化经营的企业而言,其效率还体现在多元化经营的超额贡献上,对内部资本市场而言,它只是解释多元化收益的可能的方式之一,包括市场势力及资源观的多元化动因事实上都是多元化效率的解释动因,这表明企业资本效率存在公司效率、多元化效率和内部资本市场效率的几个层次的划分[①]。

(1) 公司效率。从财务结果看,公司效率就是最终产出的业绩效率,它是基于特定的公司治理结构、整合企业价值链管理、多元化经营及采取特定的内部控制措施,适应环境变化对资源和技术综合运用的结果。这种结果表现在会计上就是资本报酬率(ROA 或 ROE),其市场体现的财务价值就是市场与账面价值的比值(MV/BV 或托宾 Q 值)。传统的财务分析体系基于 ROA(ROE)采用杜邦分析体系揭示其业绩构成的财务或资源因素的结构关系,而其缺点是这种结构不能反映特定组织(如其中的多元化程度不同)和市场价值体现的业绩动因。

(2) 多元化效率。当以 ROA 表述的公司效率存在上述缺点时,资本市场对企业的并购行为的反应就很难有一致的结论。对这种多元化的效率度量时,Lang 和 Stulz 建立的是托宾 Q 值比行业的平均 Q 值的超出部分,其托宾 Q 值代表的是市场价值

---

① 这一点可以比照财务管理中的"周转率"的概念来理解,财务管理中收益是单次收益与周转次数的乘积。而内部资本市场下的企业价值是投资收益(对应单期的收益或利润)与投资强度(敏感度)的乘积。

度量法建立的效率贡献指标,Q 值既是价值的体现,同时对投资者而言,也是投资机会的一种近似替代指标,这种超额 Q 值的度量方法和思路随后也被多元化经营的实证研究所继承。而对多元化进行效率分析时,前述的相关文献综述表明由于存在着不同的多元化动因的解释,但就财务分析而言,资源观和战略观都是多元化的基本动因,而这两者在一定程度上是资源和战略在业务层上的价值链管理中的具体体现。与之相比,内部资本市场则是侧重于以通过改变财务资源的配置而带来另一种价值贡献,这表明需要一种内部资本市场的效率度量标准。

（3）内部资本市场效率。由于 Q 值（或超额 Q 值）不能在单独意义上完全对应内部资本市场的配置效率,而 Q 值代表的投资机会是内部资本市场配置行为的资本预算执行结果,因而这涉及如何独立构建内部资本市场效率指标。Williamson 定义内部资本市场的功能在于现金流能被运用于更能创造价值的部门,这时的内部资本市场效率体现为对更合理的投资机会的把握。这从一定意义上反映了内部资本市场的一种度量角度——内部资本市场的效率主要是利用内部资本（主要是现金流）对投资机会（以 Q 值或超额 Q 值为代表）的利用效率上,而这种投资机会的利用体现在具体企业中就是表现在现金流与投资机会敏感性高低的不同程度上。前述的 FHP 模型也客观上为这种效率的检验在实证领域建立了一种度量标准,这为我们建立和分析内部资本市场效率的概念奠定了基础,因而我们给出内部资本市场效率的定义如下:

定义 3.2　内部资本市场效率是解释特定组织结构的公司效率和多元化经营效率的结构因素,它体现为企业投资与投资机会的敏感程度。

这一定义在客观上对 GSS 和 Stein 分别建立的内部资本市场理论基础准备了一个实证分析基础。因为 GSS,Stein 等对内部资本市场效率的定义只是称"内部资本市场效率是指公司总部能把资金分配到最有效率的分部"。这种定义方法建立的经济学基础是委托代理分析和分部的博弈过程,因而其效率度量存在一定的困难。

当采用投资与投资机会敏感性来度量内部资本市场效率后,进一步的分析则是揭示内部资本市场效率的来源或影响因素。而这可以通过两个方面的比较:一方面是不同组织的内部资本市场效率相比较,其投资效率是否存在差别?同时这种差别原因何在?另一方面是内、外部资本市场效率差比较,即内部资本作为投资的主要来源,它与外部资本相比是否存在效率差别,这种效率差别的主要原因是什么?同时对这两种效率解释构成了公司财务理论对基于内部资本市场效率检验的实证基础。

3.4.2　内、外部资本市场的效率比较

在内部资本市场的效率研究中,实际上自 GSS 开始就将这种效率比较建立在对组织通过内部资本市场和外部资本市场的效率差的基础上,早期 GSS 认为效率是预算项目的择优机制实现的,随后 Stein 更确认效率受代理有关的内部资本市场控制。比较内、外部资本市场的效率不同可以将独立经营的企业与作为多元化企业一部分的两者进行比较。尽管目前围绕多元化溢价(折价)的相关经验验证为这类内外部的比较提供了一定的参照标准,但目前的多元化价值研究多是建立在收益或最终价值基础上的比较,这些实证研究中心环节是研究多元化程度对企业价值的影响。而我们在前面定义内部资本市场效率时是采用投资敏感性的,即比较投资与投资机会的关联度(或敏感性)。因而建立的多元化效率评价对内部资本市场效率检验目的不同,将影响投资行为和收益结果的结构因素用于这两种方法时,具有不同的解释意义。而比较企业内部和外部融资的投资敏感

性的变化时,则指内部资本市场对应独立的控制和激励结构。

（1）融资约束。多元化经营和聚焦企业相比,内部资本市场理论特别关注投资是否存在融资约束。公司财务理论中融资约束用来表明信息不对称导致的企业外部融资的困难程度,企业对于特定的投资机会的把握和运用总是不可能达到 MM 所指的完美外部资本市场状态,因而出现融资约束。内部资本市场是融资约束的一个合理的缓冲和解决方式,在内部资本市场配置时,融资则主要来自于内部自有资金的流量（或存量）。

（2）投资风险。相比聚焦企业而言,多元化经营能减少企业的整体风险,风险减少既是多元化投资动因,同时也是多元化经营的结果。这体现在内部资本市场效率权衡时,由于现金流的充足和转移支付会提高内部资本的投资支出率,充分利用投资机会;同时相对聚焦企业而言,内部资本市场也起着共同担保作用,此时投资风险与行业和市场类型有关,这两者也成为影响内部资本市场效率的重要因素。

除上述两方面的区别外,还有的研究从内部资本市场中的"社会化"效应着手,分析这种多主体的投资行为,此时存在一种持续经营效应（与多期博弈有关）,例如在内部资本市场中的多个主体间,分部管理者对声誉效应的关心可能更胜于他在一个独立的企业中,但是因为分部间的激励租金效应,不当的激励可能导致出现"吃大锅饭"的集体卸责。

3.4.3 组织间内部资本市场效率比较

有哪些因素会影响不同企业的内部资本市场运行效率呢?一般说来,任何企业的内部资本市场运行的业绩或效率都是其组织和制度结构及其运行和控制过程的结果,因而对不同组织而言,内部资本市场的效率差别从根本上看都产生于上述制度结构和运行控制过程。

组织业绩和效率来源于管理控制过程的有效性,这会影响企业最终的业绩(会计度量的业绩或市场度量的业绩),而如果仅仅考虑其中的内部资本市场的投资效率,它只是企业管理控制在内部资本配置上的控制过程及效果。在理想情况下,企业有好的投资机会时会增加投资,但在现实中企业增加投资是一种次优的结果。此时内部资本市场在这种投资与投资机会利用上具有控制作用,因而会对内部资本的配置产生影响。存在内部资本市场时,影响投资效率(投资与投资机会的相关度)的因素主要包括:

(1) 内部资本市场规模。这里的内部资本市场规模是指内部资本市场中资本预算的部门数量多少,因为内部资本市场配置功能的实现有赖于分部间的合作协调,在存在多个分部的内部组织中,这种资本预算配置过程不只是总部的集权化的选择过程,同时也是分部成员的讨价还价过程和博弈过程。这一过程就是 Bernado 等所强调的社会化的内部资本市场配置过程。而这种社会化选择的合作博弈中,成员的数量与配置效率有密切关系[1]。前述的多元化周期性的收购和剥离现象所导致的效率变化,它与分部数量及分部的收入(或资产)结构的关系在 Rumlet 的经验研究中得到证实。

(2) 内部控制机制。在这里与投资有关的控制机制是指与预算执行过程有关的内部审计和控制过程、与投资支出有关的R&D 开发过程、分部管理者的激励结构。围绕这些过程不同组织有不同的控制和实施策略,它们会影响内部资本市场效率。对内部资本预算采取有效的审计控制时,前面所述的激励契约中的多种信息成为一种可验证信息,这会改善内部资本市场在多期的配置效率。研究和开发投入是企业不断改善投资机会的

---

① Guyer 和 Fox 发现七个成员构成的团队的合作效率远没有由三个成员构成的团队高。

重要途径,研发费用投入程度不同最终也成为投资效率的一个重要影响因素。

(3) 代理成本。根据 Jensen 的自由现金流假说,不同企业由于自由现金流的不同,会有不同程度的代理问题。而具体到多部门的企业而言,这种代理问题又有一种新的形式,即总部滥用资本配置权将更应该投资的分部的现金流转移投向对其有利的分部或项目,但在另一方面对总部管理者而言,如果企业规模是固定的(自由现金流相对固定),总部即便是为构建"帝国"投资时也会采用使总体的收益最大化,这似乎指出内部资本市场客观上有减少代理成本的因素。另外前文推出内部资本市场存在双层代理,那么分部管理者是否存在与掠夺有关的"弱肉强食"或平均主义表现的"社会化"资本配置? 不同企业由于信息不对称程度的不同,分部管理者寻租行为也有所不同,因而不同组织的内部资本市场中的代理成本的表现也各异。

(4) 权益结构。权益结构是指不同融资来源的比重,对独立企业(即没有内部资本市场时)而言,剩余索取权的不同也会影响企业价值,这也是 MM 定理对不完美资本市场所做的表述。当存在内部资本市场时,此时的多元化经营会减少企业的整体风险,那么此时内部资本市场的存在是内部资本市场效率的一个加速因子还是一个减速因子? 例如,当存在内部资本市场时,且总部(或分部)管理者持有股权投资时,会不会改善独立运行的企业的"过度投资"的情形? 从代理成本角度看,在内部资本市场运行环境中,总部及分部管理者如果拥有所有权,此时将会提高内部资本市场效率,Stein 对此进行了系统的文献综述。另外高效率的分部也可能采取"防御性投资",即高现金流的分部为了保护自有现金流而采取保护性投资,从而影响整体可投资内部资本。

将内部资本市场效率比较划分成内外部效率和不同内部资

本市场的效率,其目的是揭示内部资本市场效率的不同来源,但实际上对某一组织而言,这些因素也相互融合共同发挥作用。例如在标准模型中影响聚焦企业的融资约束因素,即使在内部资本市场中也依然存在,不同组织会面临不同的融资约束,从而影响了内部资本市场相互间的效率比较;代理问题在多元化和聚焦、不同多元化程度企业间都会存在,只是程度不同,且后者还受双层代理因素的影响。权益结构对聚焦企业的投资行为也有影响,实际上这一直是公司财务中资本结构理论的核心内容,但它们将如何影响内部资本市场效率,也有待进一步的实证研究。

3.5　小结

　　内部资本市场理论是特定组织结构在集权和分权管理控制下(或者是相互持股形成具有实际控制权的结构下),资本在组织内部进行配置的公司财务理论。本章首先介绍了内部资本市场理论的形成起源,明确了内部资本市场理论是公司财务理论适应特定组织结构的一种拓展。在此基础上对资本交易"内部化"的相关理论背景进行分析,以期较准确概括内部资本市场的内涵。接着分析了内部资本市场的结构,围绕内部资本市场与特定组织结构的对应关系展开,根据内部资本市场与组织结构的关系,将内部资本市场划分成两种主要形式,并指明其管理和控制的关键环节。最后对内部资本市场的理论构成进行了阐述,主要是围绕内部资本的运行过程展开。本章建立了一个结合内部资本市场治理的分析框架,这种框架下的内部资本市场运行涉及内部资本的最优规模和最优激励。本章在最后一部分建立了内部资本市场效率的概念,并将其与公司效率、多元化效率区别开来,这种定义有利于建立有效的内部资本市场实证分析框架。

　　本章的重点在于：将内部资本市场建立在一个结构—行为—绩效(SCP)的分析框架之上，并对其运行过程建立起一个综合的分析控制框架，该分析框架集合了公司战略、公司治理和内部资本市场控制，它表明，内部资本市场的运行既是有效公司治理结构的产物，也是有效控制风险、集成信息结构及解决代理冲突的控制过程。本章另一个重要目的在于，针对当前研究对内部资本市场效率度量标准的不一致性，将内部资本市场效率定义在投资与投资机会的把握上，即投资与投资机会的敏感性关系在不同企业的具体表现。

第 4 章　内部资本市场资本预算的动态分析

　　资本预算是内部资本市场的分析基础,传统的资本预算是建立在 NPV 分析基础上的投资决策。改进 NPV 方法有两种途径:一是引入权衡未来收益不确定性的期权分析方法,二是引入改进 NPV 方法的结构因素,这种结构因素主要是信息不对称和代理成本对融资成本的影响。这两种途径的共同特点是都建立在多期动态和不确定性分析基础上,其原因之一是企业的资本预算也与企业收益的波动性有关,而这与企业所处的位置(特别是集团企业的集中控制中)有关,这种基于动态分析的方法有助于重新理解公司财务模型。而就实证检验而言,相对于期权分析方法,权衡信息不对称和代理成本的分析模式更能与传统的公司财务理论进行理论联结。因此本章基于这种分析思路建立起资本预算的动态分析方法,并将其在融资约束和代理成本两个层面上进行模型扩展。

4.1　基本模型

4.1.1　动态投资的前提假定

　　财务理论的经济分析要求建立合理的经济学研究假定,为了在微观企业层面上分析投资与融资理论,建立内部资本市场的资本预算理论的研究基础,形成后续理论和实证章节的分析框架,本书给出以下的研究假定,展开资本预算的理论和经验研究。

假定 1　预算制订者具有理性预期。

建立理性预期假设是对内部资本市场资本预算动态分析的前提，经济学的理性预期假设的建立始自 Muth，在他开创性的文献中提到经济理论中动态的重要性，即如果考虑到将来的变化，则直接关系到个人对未来变量的预期，并且个人的理性预期的实现方式是使他的主观预测等于条件期望。经济学的理性预期假设被金融学演变成有效资本市场假设，Samuelson 和 Mandelbrot 分别针对投机性市场上的未预期股价波动提供了理论模型，并进而认为该市场上的非预期价格部分由于竞争呈现出独立的随机游动状态。公司财务理论针对有效市场假设建立了两个研究基础：一是管理者的决策行动会最大化企业的当前价值，二是企业业绩能通过资本市场的证券回报度量。

理性预期在 Muth 假设中关注的是决策相关的信息集，而20 世纪 70 年代由组织经济学方面拓展而来的信息经济学，关注组织内部的管理者激励问题，此时信息不对称下的理性预期则将组织的价值最大化和管理者掘取信息租金回报相权衡。Jensen 和 Meckling 则在财务学上将管理者自利行为的理性预期视为财务学理论构建的一个新起点，他们定义代理成本为订约成本、监督成本和剩余损失，理性预期的结构形式有了变化。Myers 和 Majliuf 则将市场融资各方的信息不对称作为其财务分析的起点，就企业而言信息不对称的直接影响就是融资受约束或融资成本的增大。

就资本预算而言，Gorden 在修正 NPV 方法时曾认为"理性的资本预算的主要特征是能保持业务层经理的主动性，同时预算在长期范围来看具有整体性"。这种定义是基于经济学的行为人的理性，针对一个分权管理的多分支企业的价值最大化条件下建立的资本预算的一种选择模式。因而在这一假设下的理性资本预算是对未来收益流的信息集的一种理性假设。这种传统意义上的理性资本预算的定义可以表示成：

定义 4.1 设 $V^e_{i,t+1}$ 为个体对在时刻 t 的下一期资本预算回报的主观预期，存在信息集 θ_t 对应市场信息集，信息流具有正交性和马尔科夫性，则理性资本预算（Rational Capital Budget，RCB）是基于信息集 I_t 的条件期望。即：$V^e_{i,t+1} = E[I_{t+1} \mid \theta_t]$。

在资本预算中，理性预期是对收益不确定性的一种处理假定，实际应用中，其中的主观预期的 B 值对应于特定的预算选择方法（如 NPV 法），它是初始投资、未来现金流和合适的收益折现率的函数。理性资本预算定义中限定信息集的正交性表明资本预算的误差与信息结构无关，马尔科夫性则表明了某一期信息集的信息含量只与前一期的信息结构有关，而与之前其他信息集的含量无关。这两个条件保证了理性资本预算的观测值与真实的误差的期望值为 0。

假定 2　预算主体的控制权分散。

在单一企业中只讨论所有权与控制权的分离，Berly 和 Means 对现代公司制企业所有权与控制权的分离进行了分析，但并未针对控制权在企业内部的分散展开讨论。之前 Jensen 和 Meckling 也对这种代理问题设计了规范的分析方法和实证研究基础。但在西方国家从 20 世纪早期开始就经历了多次大规模的兼并和收购风潮，其结果就是造就了现代大型企业中的分级授权的科层管理结构。因而在多级代理和控制权分散的现代公司中的资本预算中，理性预期上存在两类信息集：（1）来源于价值创造相关性的信息集，这与假定 1 中的信息集相对应；（2）来源于企业内部的管理者能力和信息租金掘取意图的信息集。后者与管理者信息租金的度量有关，直接联系于激励机制的有效性与否；两类不同信息的表现形式和治理途径不同，此时的资本预算要分别权衡。

Gordon 认为合理的资本预算方法正是应对分级授权 (Delegation)多分部(或业务单位)企业投资机会发现和估值。 Harris 和 Raviv(HR)同样将资本预算建立在这种分权框架假 设下,并进一步将上述的管理者租金信息对应于财务学上的管 理者私有信息(Private Information)和管理者的帝国投资偏好 (Managerial Preference for Empire),同时 HR 在此假设下建立 了资本预算的多分部财务学分析模型。沿袭这种思路,我们将 上述的 Gorden 的理性资本预算的单纯的价值预期扩展到 HR 的基于管理者行为的预期。此时将资本预算与管理者行为相结 合,从而将其融入当代主流的公司财务分析框架,这种对资本预 算中的管理者行为和市场信息集的综合权衡就是理性资本预算 的含义所指。

定义 4.2 设 $B^e_{t,t+1}$ 为个体对在时刻 t 的下一期资本预算回 报的主观预期,存在信息集空间 $\xi_t = (I^x_t, I^m_t)$,它们分别对应市 场信息集和管理者行为意图的信息集,信息流具有正交性和马 尔科夫性,则扩展的理性资本预算(**Extended Rational Capital Budget,ERCB**)是基于信息集 ξ_t 的条件期望。即:$B^e_{t,t+1} = E[B_{t+1} | \xi_t]$。

与理性资本预算定义类似,其中的信息集的正交性和马尔 科夫性保证了理性资本预算的观测值与真实的误差的期望值为 0。因而在这两个条件下,资本预算是可以根据市场信息进行预 算,并根据管理者行为信息进行调整(也可以理解为可预测)。 相对于 Muth 的理性预期模型只关注于市场信息而言,这里增 加的信息集之于模型的选择方法的影响在于它具有外生性,一 般理解就是管理者能力和行为(对应着特定信息租金)影响了 NPV 的收益流。

假定 3 预算制订者具有风险中性。

经济学上 Knight 将风险与不确定性分开,揭示了它在企业利润创造中的机理,随后 Nunamun 定义了风险与效用的价值权衡。在金融学领域,Markowitz 建立了均衡—方差分析方法和投资组合理论,开创了投资组合的规范分析框架。随后,Treynor,Sharpe 和 Lintner 分别对 Markowitz 的规范研究进行了实证拓展,建立资本资产定价模型(CAPM)。财务学基于CAPM 修正回报收益率改进了 Lutz 和 Dean 总结的净现值法资本预算模型,这些理论都设定在一个风险中性的分析框架中。

风险中性在上述理性资本预算模型中,意味着两层含义:一方面对预算制订者(代理人或分部管理者)而言,其信息租金对应的效用函数为线性函数。另一方面对委托人(预算审批者)资本预算的收益函数(或价值函数)也近乎表示为线性函数。我们将在本书第 5 章的代理模型中更广泛地讨论风险回避和风险偏好情况下的理性资本预算问题。

4.1.2 资本预算的基本模型

资本预算问题可以看成是权衡融资结构的系列投资问题,因而我们在投资优化框架下结合融资结构的选择对资本预算进行研究。

企业当前($t=0$)资本存量为 A_0,资本预算决策结构为:

$$E_t\left[B_{I_{t+1}|I_t}(K_t,CF_t^\infty,\hat{r})\right]$$

此时根据投资量、未来现金流及合适的风险调整系数确定资本预算决策,这里的决策存在两种情况,一种是预算存量的选择,另一种是预算项目的放弃或选择决策。这种预算结构表明了资本预算具有以下两个特点:(1) 动态与多阶段的决策的特点。这一点由资本预算的定义 4.1 和资本预算结构可知,资本预算涉及未来预算流量和未来信息集的估计,这使资本预算具有动态和多阶段的特点。而就企业来看,它是无终结点的投资决策行为。(2) 融资行为调整带来的资本调整成本。Jogensen 的投资模型并没有考虑到资本预算中融资行为的改变所带来的调整成本。而在随后的 J 模型的调整中融资结构对应的成本调整开始受关注。在资本预算与 Q 值的关系中，Perfect 和 wiles 及 Lewellen 和 Badrinath 的研究表明基于新古典的企业投资的 Q 理论的适应性与对资本和债务调整时的成本发生有关。

定义 4.3　企业由当前资本 K_t 通过债务或权益融资等方式进行投资决策后，由增量的资本存量的变化带来的变化成本为资本调整成本 τ_a，它是当前资本存量、投资支出的凸性函数。即 $\tau_{\mathrm{I}}(K_t, K_{t+1}) > 0$ 且 $t_{\mathrm{II}}(K_t, K_{t+1}) > 0$。

设企业存在基本的利润优化模型为：

$$\pi(\theta, K) = \max_x R(K, x) - w \cdot x$$

其中 K 为资本量，x 为其他投入要素，R 为收益函数，企业存在基本的利润函数优化，我们建立以下的资本预算的动态规划基本模型。

模型（一）

$$V(\theta_t, K_t) = \underset{K_{t+1_t} \in \mathrm{R}^+}{\mathrm{Max}} \{\pi(\theta_t, K_t, X_t) - \gamma \cdot I_t -$$

$$\tau(K_t, K_{t+1}) + \beta \cdot E_{\theta_{t+1}|\theta_t} V(\theta_{t+1}, K_{t+1})\} \quad (4\text{-}1)$$

资本存量满足状态转移约束为：

$$K_{t+1} = I_t + (1-\delta) K_t \quad (4\text{-}2)$$

这里的 V 代表价值函数，对应新古典的间接效用函数（Indirect Utility Function），β 为贴现率；$\tau(K_t, K_{t+1})$ 为资本调整成本。$\delta \in (0,1)$ 为资产折旧率，γ 为资本成本，θ 对应的某一期的不确定性，尽管这是一个动态问题，其中的 t 和 $t+1$ 分别表示不同时期的时间标量，但在标准的动态优化中，它可以转化为一个静态的两阶段规划问题，资本存量 K 决策问题对应着资本流量 I。

为推导其最优资本预算的 Euler 方程，将式（4-2）代入式（4-1）并对其求 F.O.C，得：

$$\tau_{K'}(K,K')+\gamma=\beta\cdot E_{\theta_{t+1}|\theta_t}V_{K'}(\theta',K') \qquad (4\text{-}3)$$

而其中对右边一项的推导可由包络定理求解,将 V 对 K' 求导得:

$$V_{K'}(\theta',K')=\pi_{K'}(\theta',K',X')+(1-\delta)\cdot\gamma-\tau_{K'}(K',K'') \qquad (4\text{-}4)$$

将式(4-4)代入式(4-3)得:

$$\tau_{K'}(K,K')+\gamma=\pi_{K'}(\theta',K',X')+$$
$$(1-\delta)\cdot\gamma'-\tau_{K'}(K',K'') \qquad (4\text{-}5)$$

这是上述优化函数的欧拉方程,式(4-5)左边表明的是预算的边际成本,它主要包括的是资本调整成本和融资边际成本,右边内容的是对应的三项收益,由此得出以下命题。

命题 4.1 **无融资约束下,理性资本预算的最优决策是当资本投入中包括资本调整的边际成本在内的边际成本总和与预期的后一阶段的边际收入相等,对应的欧拉方程为式(4-5)。**

事实上,投资的托宾 Q 模型也是对基本模型的特殊变换,由基本模型可推得 Q 投资模型。Haishani 建立了一个二次的成本调整函数和规模经济收益函数,如果成本调整函数及收益规模满足此种要求时,基本模型可变为:

$$V(\theta,K)=\max_{I'_t\in r^+}\left\{\theta\cdot K^\alpha-\frac{r}{2}(I/K)^2K-\gamma\cdot I_t+\right.$$
$$\left.\beta E_{\theta'|\theta}V(\theta',K')\right\} \qquad (4\text{-}6)$$

其优化条件为:

$$I/K=1+\frac{1}{r}\left[\beta E_{\theta'|\theta}V_I(\theta',K')\right] \qquad (4\text{-}7)$$

同时,式(4-7)根据式(4-6),当收益函数是规模经济函数(规模效应)时,式(4-7)左边也表明 $V(\theta,K)=\Phi(\theta)\cdot K$,也即 $V(A,K)/K$。因此 $\Phi(\theta)$ 对应于平均 Q 值,因而此时的边际 Q 与平均 Q 一致,因而得出如下推论。

推论 4.1　同时在凸性的成本调整函数和规模经济假设下,权衡了各种利润的风险影响因素后,企业资本预算的投资支出率可以用平均 Q 值替代。

由推论 4.1 体现的资本支出模型延伸出当前企业资本预算的主要检验模型——Q 资本预算检验。因为一旦把边际 Q 值转化为平均 Q 值后可以发现企业资本预算支出的检验也就变得相对容易。但这里面关键的一点就是平均 Q 值能否涵盖不同的利润影响因素(对应模型中的 θ 就非常关键。这将成为 Q 资本预算检验的重要控制依据,在企业特质的控制方面,为检验 Q 投资理论的合理性,FHP 将信息不对称下的融资约束作为企业的特质控制因素,FHP 企业资本预算检验方法也成为 90 年代以后最为重要的企业投资检验方法。而对其的质疑来自于两个方面:一方面认为资本预算也取决于企业的市场特性,Cooper 和 Ejarque 将该欧拉方程中 Q 的内生性排除,认为影响企业资本支出的因素更可能来自于市场势力(如企业是否处于垄断地位等)。另一方面 Kaplan 和 Zingales 的实证研究中则利用小样本的企业长期内资本支出的周期变化,来检验融资约束,不是资本支出 Q 理论的合理的控制因素。

而在实际的投资支出模型中,涉及一个最优停时的问题,即支出或不支出的决策。Cooper 结合资本支出的最优决策也包含最优停时。此时的价值最大化决策是这两种行为的最大化权衡:

$$V(\theta,K)=\max\{V^n(\theta,K),V^a(\theta,K)\}, \forall (\theta,K) \quad (4\text{-}8)$$

其中的 A,K,V 的含义同基本模型,V_n 和 V_a 则分别代表资本支出发生和不发生时的价值,因而某阶段的决策是对活动收益的比较。其中:

$$V^n(\theta,K)=\pi(\theta,K)+\beta E_{\theta'|\theta}V(\theta',(1-\sigma)K) , \forall (\theta,K) \quad (4\text{-}9)$$

$$V^a(\theta,K)=\max_{B\in\mathbf{R}}\Big\{\pi(\theta,K)\cdot(1-\lambda(I/K))-$$

$$\frac{r}{2}\Big(\frac{I}{K}\Big)^2-l^+(I)+\beta E_{A'|A}V(\theta',I+(1-\sigma)K)\Big\}$$

对 $\forall(\theta,K)$，其中：

$$l^+(I)=\text{if}(I>0,l_b\cdot I,l_s\cdot I) \tag{4-10}$$

由式(4-10)可以看出在资本预算决策中，与资本调整有关的成本由三部分构成：第一部分是调整后对当期利润影响(r系数)，与基本模型不同，我们假定当期的资本预算以流量的方式发挥作用，即不体现在利润函数中，但会使利润有一个变化比率且与预算数有关；另一部分是投资变动的调整成本，这对应于上述基本模型中的资本调整成本系数(r)；最后是由于资本预算的正负所带来的买或卖的资本成本，对买而言是利息付出(p_b)，对资产清理而言，则是相对资本回报(p_s)，一般而言这两个"价格"是不同的。

为了推导出此时的欧拉方程，我们对利润函数的形式进行规定，如果是规模经济的生产性质，则可在此设定：

$$\pi(\theta,K)=\theta\cdot K^a \tag{4-11}$$

对于 θ 不用期望值形式，是因为当前的 θ_t 本身就是前期 θ_{t-1} 的期望值，而它在当前期已知。对于其中调整成本的第一项(即资本支出对利润变化的影响)，如果 λ 的影响体现在整个 θ 的概率转移中，因而该项将不存在，因而将其代入式(4-10)得出更适合欧拉优化的 Bellman 方程：

$$V^a(\theta,K)=\max_{B\in\mathbf{R}}\Big\{\theta\cdot K^a-\frac{r}{2}\Big(\frac{B}{K}\Big)^2\cdot K-$$

$$l^+(I)+\beta\cdot E_{\theta'|\theta}V(\theta',B+(1-\sigma)K)\Big\}$$

对 $\forall(\theta,K)$，其中：

$$l^+=\text{if}(I>0,l_b,l_s) \tag{4-12}$$

式(4-12)的一阶条件为：

$$r \cdot \left(\frac{B}{K}\right) + l^+ = \beta \cdot E_{\theta'|\theta} V_B(\theta', B+(1-\sigma)K) \Big\} \quad (4\text{-}13)$$

式(4-13)左边表示资本调整的边际成本，而右边则对应的是边际价值的变化①。同时右边的边际价值是未知的，对式(4-12)运用包络定理得：

$$V^a(\theta_{t+1}, I+(1-\sigma)K) = \theta_{t+1} \cdot K_{t+1}^{a-1} - l_{t+1}^+ (I_{t+1}) -$$
$$\frac{r}{2}\left(\frac{I_{t+1}}{K_{t+1}}\right)^2 - r(1-\sigma)\left(\frac{I_{t+1}}{K_{t+1}}\right) \quad (4\text{-}14)$$

并将其代入式(4-13)：

$$r \cdot \left(\frac{I}{K}\right) + l^+ = \beta \cdot E_{\theta'|\theta}\Big[\theta_{t+1} \cdot K_{t+1}^{a-1} - l_{t+1}^+ (I_{t+1}) -$$
$$\frac{r}{2}\left(\frac{I_{t+1}}{K_{t+1}}\right)^2 - r(1-\sigma)\left(\frac{I_{t+1}}{K_{t+1}}\right)\Big] \quad (4\text{-}15)$$

由此可得以下推论：

推论 4.2　同时在凸性的成本调整函数和规模经济假设下，考虑最优停时的资本支出决策的满足最优的投资路径满足式(4-15)。

4.2　模型求解

下面研究模型(一)的求解和优化。一般而言，当没有给定收益函数或收益函数比较复杂时(例如存在不确定性的调整因子)，不能直接求得其最优解，此时一般是通过两个步骤求出其最优解价值方程：首先是基于欧拉方程，通过参数估计，得出价

----

① 如果考虑第一项调整成本，则 F.O.C 为 $\lambda \cdot \theta \cdot K^{a-1} + r \cdot \left(\frac{B}{K}\right) + l^+ = \beta \cdot E_{\theta'|\theta} V_B(\theta', B+(1-\sigma)K)\}$。

值函数的参数特征；接着对价值方程 V 通过迭代运算，求得与价值泛函数对应的最优价值方程和最优投资路径。

4.2.1 求欧拉方程的解析解

(1) 欧拉方程的显式解

先来看基本模型对应的欧拉方程的显式解。此时生产经营的不可逆性决定了基本模型对应的欧拉方程只存在相应的前向解。对由命题 4.1 所确定的欧拉方程，不失一般性，先只考虑资本成本中的外部融资成本，而将资本调整成本设为零。此时欧拉方程变成：

$$\gamma_t = \beta E_{\theta', L' \mid \theta, L} \pi_I [I + (1-\sigma)K, \theta'] + \gamma_{t+1}(1-\sigma) \quad (4\text{-}16)$$

将式(4-16)继续作为欧拉方程的前向方程，不断地将前方的 r' 值代入，则得：

$$\gamma_t = \beta \sum_{\tau=1}^{\infty} [\beta(1-\sigma)]^{\tau} E_{\theta_{t+\tau} \mid \theta_t} \pi_I (K_{t+\tau+1}, \theta_{t+\tau+1}) \quad (4\text{-}17)$$

这个简化投资支出欧拉方程的含义是，市场对企业投资的资本成本的定价，也是企业可以付出的资本成本的条件。从而得出以下推论：

推论 4.3　如果不考虑资本调整成本，基本模型所确定的投资优化问题要求最优决策时，资本成本等于经过折现和现值调整的边际投资的利润流期望值。

下面继续对此显示解求其特定解，基于推论 4.3 所得出的欧拉方程前向解的形式表明资本成本受融资结构和企业经营的双重影响，此时后两者成为确定资本成本的外生变量，为此可以对欧拉方程求对应的特定解。

(2) 投资报酬率服从带漂移的布朗运动时显示解的特解

假设资本收益率遵循带漂移的布朗运动，这时由于技术或管理的改进，企业有一个较稳定增加的收益率，我们将其中的

π_1 用 x 替换①。

$$dx = \alpha \cdot dt + \sigma \cdot dz \tag{4-18}$$

其中 dz 为一个标准的维纳过程，α 为漂移参数，σ 为方差参数。将其作离散处理得到：$x_{t+1} = \alpha + x_t + \varepsilon_t$，$x_{t+n} = \alpha + x_t + \varepsilon_t$。

$$\gamma_t/\beta = [\beta(1-\delta)](x_t + \alpha + \varepsilon_t) + [\beta(1-\delta)]^2(x_2 + 2 \cdot \alpha + \varepsilon_t + \varepsilon_{t+1}) + \cdots + [\beta(1-\delta)]^n(x_t + n \cdot \alpha + \sum\varepsilon) + \cdots$$

$$E(\gamma_t/\beta) = x_t \cdot \{[\beta(1-\delta)] + [\beta(1-\delta)]^2 + \cdots + [\beta(1-\delta)]^n + \cdots\} + \alpha \cdot \{[\beta(1-\delta)] + 2[\beta(1-\delta)]^2 + \cdots + n[\beta(1-\delta)]^n + \cdots\} = \frac{\beta(1-\delta)}{1-\beta(1-\delta)} \cdot x_t + \frac{\beta(1-\delta)}{[1-\beta(1-\delta)]^2} \cdot \alpha$$

得：

$$\gamma_t = \frac{\beta^2(1-\delta)}{1-\beta(1-\delta)} \cdot x_t + \frac{\beta^2(1-\delta)}{[1-\beta(1-\delta)]^2} \cdot \alpha + \frac{\beta^2(1-\delta)}{[1-\beta(1-\delta)]^2} \cdot \varepsilon_t \tag{4-19}$$

因而得出以下推论：

推论 4.4　当企业边际投资支出率服从过程即式 (4-10)，由投资优化的欧拉方程具有特定解，满足条件：$\gamma_t = \frac{\beta^2(1-\delta)}{1-\beta(1-\delta)} \cdot x_t + \frac{\beta^2(1-\delta)}{[1-\beta(1-\delta)]^2} \cdot \alpha + \frac{\beta^2(1-\delta)}{[1-\beta(1-\delta)]^2} \cdot \varepsilon_t$。

（3）投资报酬率服从 ARMA 过程时显示解的特解

企业的资本收益有时受前一期或前几期的影响，这时的边际投资收益率表现为一个 ARMA 过程。

---

① 为避免与基本模型中出现的 X 相混淆，同时因为基本模型中的 X 在以后的分析中都隐含着最大化的非资本要求的最优利用的假设，因而在后续的模型中将不再出现，而直接 $\pi(K,\theta)$ 以表示当期净收益。

定义 4.4 对于一个随机过程 $\{x_t\}$，如果存在实数 Φ_1，$\Phi_2, \cdots, \Phi_p, \theta_1; \theta_2, \cdots, \theta_q$ 和白噪声系列 $\{\varepsilon_t\}$，使式（4-20）成立：

$$x_t = \varphi_1 x_{t-1} + \varphi_2 x_{t-2} + \cdots + \varphi_p x_{t-p} + \\ \theta_1 \varepsilon_{t-1} + \theta_2 \varepsilon_{t-2} + \cdots + \theta_q \varepsilon_{t-q} \tag{4-20}$$

同时满足以下条件：(1) $\Phi(L) = 1 - \varphi_1 L - \varphi_2 L^2 - \cdots - \varphi_p L^P$ 和 $\Theta(L) = 1 + \theta_1 L + \theta_2 L^2 + \cdots + \theta_p L^q$ 没有公共因子；(2) $\Phi p^* \theta q \neq 0$；(3) $\Phi(z) = 0$ 和 $\Theta(L) = 0$ 的根都在单位圆外。称以差分方程表示的 x_t 过程对应的模型为 ARMA(p, q) 模型[1]。

为推导当企业边际投资支出率服从 ARMA(p, q) 时，最优投资欧拉方程具有特定解，根据 x 的线性和 ARMA 模型对 x 的线性满足条件，我们不妨设 $\Phi(L)\gamma_t = \Gamma(L)x_t$，其中 $\Gamma(L) = \zeta_0 + \zeta_0 L + \zeta_2 L^2 + \cdots$，因而此时要建立 $\Phi(L), \Theta(L)$ 与 $\Gamma(L)$ 的对应关系。

由 x 的 ARMA 过程的定义可得：

$$x_{t+1} = \frac{\Theta(L)}{\Phi(L)}\varepsilon_t = \frac{\Theta(L)}{\Phi(L)}(x_{t+1} - E(x_{t+1} | \theta_t))$$

从而变形得：

$$E(x_{t+1} | \theta_t) = \left(1 - \frac{\Phi(L)}{\Theta(L)}\right) \cdot \frac{1}{L} x_t \tag{4-21}$$

由设定的资本成本的随机过程式：

$$\Phi(L)\gamma_{t+1} = \zeta_0 x_{t+1} + \zeta_1 x_t + \zeta_2 x_{t-1} + \cdots + \zeta_k x_{t-k+1} + \cdots$$

变形得：

$$\Phi(L)E(\gamma_{t+1} | \theta_t) = \zeta_0 E(x_{t+1} | \theta_t) + \zeta_1 x_t + \zeta_2 x_{t-1} + \cdots + \zeta_0 x_{t+1} - \zeta_0 x_{t+1}$$

继续转换得：

---

[1] 潘红宇：《时间序列分析》，对外经济贸易大学出版社，2006 年。

$$\Phi(L)E(\gamma_{t+1}|\theta_t)=\zeta_0 E(x_{t+1}|\theta_t)+(\Gamma(L)-\zeta_0)\frac{1}{L}x_t$$

从而有：

$$E(\gamma_{t+1}|\theta_t)=\frac{\zeta_0}{\Phi(L)}E(x_{t+1}|\theta_t)+\Big(\frac{\Gamma(L)}{\Phi(L)}-\frac{\zeta_0}{\Phi(L)}\Big)\frac{1}{L}x_t \quad (4\text{-}22)$$

而式（4-7）的欧拉方程也可表示为：

$$\gamma_t=\beta[E(\gamma_{t+1}|\theta_t)+\beta(1-\sigma)E(x_{t+1}|\theta_t)] \qquad (4\text{-}23)$$

将式（4-21）和式（4-22）代入式（4-23）的欧拉方程可得：

$$\gamma_t/\beta=\frac{\zeta_0}{\Phi(L)}\Big[\Big(1-\frac{\Phi(L)}{\Theta(L)}\Big)\cdot\frac{1}{L}x_t+\Big(\frac{\Gamma(L)}{\Phi(L)}-\frac{\zeta_0}{\Phi(L)}\Big)\frac{1}{L}x_t+$$

$$\beta(1-\delta)\Big(1-\frac{\Phi(L)}{\Theta(L)}\Big)\cdot\frac{1}{L}x_t\Big]$$

将 $\gamma_t=\dfrac{\Gamma(L)}{\Phi(L)}x_t$ 代入，并注意到 $\zeta_0=\dfrac{\Theta(L)}{\Phi(L)})-1$，对其整

理得：

$$\Gamma(L)=\frac{\beta}{1-L}\Big[1-\frac{\Phi(L)}{\Theta(L)_t}-\beta(1-\delta)\cdot(\Phi(L)-\Theta(L))\Big] \quad (4\text{-}24)$$

从而得出以下推论：

推论 4.5　当企业边际投资支出率服从 ARMA 随机过程时，由投资优化的欧拉方程具有特定解，$\Phi(L)\gamma_t=\Gamma(L)x_t$，其中右项的 Γ 算子满足式（4-24）。

由推论 4.2 至推论 4.5 所得出的结论都刻画了资本成本与投资的边际收益的关系，其中当投资的边际收益呈现不同的随机过程时，资本成本也不同。当然除了本部分提供的两种显示解外，还可以通过假设边际投资收益服从其他的随机过程或特定分布，同样可以求得相应的资本成本率。这几个命题对资本成本的权衡不考虑不同融资渠道的资本成本的构成，而将其视为一个整体性的资本成本。因而也可能将其理解为一种边际资本成本的机会成本。

上述欧拉方程的解析解中,不论是一般解还是特解,都是针对资本成本与边际投资回报率的优化结构的,但在价值函数的最优模型中,随机过程对应的控制要素不只有资本成本,同样企业的调整成本函数对应的参数也不确定,当存在多个控制因素时,理论上可以通过构建系列的欧拉方程组来解决这个问题。但当这些因素的分布特征不确定(概率分布未知)时,欧拉方程的求解变得困难。这时更有效的办法是通过估计的方法求得价值函数中多个参数,在此基础上可以通过模拟的方法求得其最优路径。

4.2.2 欧拉方程的数值解——GMM 参数估计

广义矩估计法(Generalize Moment Method,GMM)是现代非经典计量经济学在传统的矩估计方法上发展起来的一种参数估计方法。对任何一个统计模型而言,采用矩估计方法(MM)时,建立与参数个数对应的矩,计算其相应的矩,此时矩的预测数据与真实数据的偏差应该尽可能的小(期望值为 0),在这种最小的约束下,通过样本计算出对应的模型参数就是估计的真实参数。传统的矩估计方法存在两个缺点:一是与矩的选择有关,因为矩的选择是任意的,因而不同的矩选择会导致不同参数估计结果;另一个是模型要符合特定的分布形式(即变量的分布已知)及相关的假设条件,否则这样的估计相合但不是最好的。GMM 就是针对这种缺陷所做的改进的矩估计方法。

在优化模型中预测与真实值的差异为 $h(\theta, x_t)$。由于合理的估计参数要使这种差异尽可能的小,即满足:$E[h(\theta, x_t)] = 0$。当用 GMM 估计命题 4.1 对应的欧拉方程式(4-5)时,其对应的计量模型为:

$$\tau_{K'}(K_{it}, K_{it+1}) + \gamma_{it} = \pi_{K'}(\theta_{it+1}, K_{it+1}, X_{it+1}) + (1-\delta) \cdot$$
$$\gamma_{it+1} - \tau_{K'}(K_{it+1}, K_{it+2}) + \varepsilon_{it}$$

从而可以令:

$$e(\vartheta, K_{it}) = \tau_{K'}(K_{it}, K_{it+1}) + \gamma_{it} - \pi_{K'}(\theta_{it+1}, K_{it+1}, X_{it+1}) -$$

$$(1-\delta) \cdot \gamma_{it+1} + \tau_{K'}(K_{it+1}, K_{it+2})$$

此时 $e(\vartheta, K_{it})$ 就是一个矩，满足 $E[e(\vartheta, K_{it})] = 0$，其中 K_t 是资本存量，ϑ 向量是对应的待估计参数。

GMM 方法则是解决对 ϑ 向量的估计，满足 $\vartheta = \mathrm{argmin}[m(\vartheta)' \cdot Wm(\vartheta)]$，其中 $m(\vartheta)$ 是对应的矩，W 则是权重矩阵。而这两者的构建是 GMM 方法应用的关键。

首先，对 $m(\vartheta)$ 的选择而言，通过样本估计时，构建的样本矩为：$m(\vartheta) = \dfrac{1}{T}\sum_{t=1}^{T} e(\hat{\vartheta}, K)$，但由于待估参数是多个，因而要建立多个矩 $m_l(\vartheta)$，$m_l(\vartheta) = \dfrac{1}{T}\sum_{t=1}^{T} z_i \cdot e(\hat{\vartheta}_t, K_t)$，其中矩的个数 l 大于或等于待估计的参数个数。

其次，对 W 权重矩阵的选择而言，Hansen 的证明表明权重矩阵是渐近方差矩阵（Asymptotic Covariance Matrix，记为 S）的逆阵。通过样本估计 S 时的计算方式为：

$$\hat{S} = \hat{S}_0 + \sum_{j=1}^{J} w(j)[\hat{S}_j + \hat{S}_j'] \tag{4-25}$$

其中：

$$\hat{S}_j = \frac{T}{T-k} \cdot \frac{1}{T}\sum_{t=j+1}^{T} m_t(\hat{\vartheta}) m_t(\hat{\vartheta})'$$

$$= \frac{T}{T-k} \cdot \sum_{t=j+1}^{T} [\varepsilon_t \otimes z_t][\varepsilon_{t-j} \otimes z_{t-j}]'$$

$$= \frac{T}{T-k} \cdot \sum_{t=j+1}^{T} [\varepsilon_t \varepsilon_{t-j}' \otimes z_t z_{t-j}'] \tag{4-26}$$

在选定了矩变量后，权阵的算法是一个迭代过程，不妨选定一个初始的权阵，在此基础上估计参数值，同时以这个初始估计的参数值为标准计算一个新的权阵，不停地迭代直到待估参数平稳为止。

4.2.3 基于欧拉方程 GMM 参数估计的价值函数模拟

(1) 价值函数收敛的条件

通过上述方法对应的不确定性的因素和价值函数的最优解对应着欧拉方程所对应的泛函路径,因而其解是对应的。一旦通过欧拉方程的参数估计对价值函数中的参数进行了估计,就可以通过模拟方式对价值函数的泛函过程进行最优路径的模拟(Iteration)。模拟涉及不同价值函数的路径转移,因此我们先定义价值转移算子 Γ 的性质,转移算子的性质决定了是否存在最优的投资路径。

① 如果 $V(s) > Q(s) \Rightarrow \Gamma[V(s)] > \Gamma[Q(s)]$,则称 Γ 算子具有同一性。

② 如果 $\Gamma[(V+l)(s)] < \Gamma[V(s)] + l$,则称 Γ 算子具有折现占优性。

根据 Lucas 的定理所证明的,如果当期收益函数是实值、连续且有界时,价值方程存在最优解,而如果其价值转移的 Γ 运算具备同一性和折现性时,通过迭代的方式可以求得其最优泛函路径。

对特定的 Bellman 优化方程,一旦通过求其解析解和参数估计的形式确定其当期收益的各项参数后,可以在此基础上进行模拟,而模拟的关键在于对不同期间不确定性状态的概率转移矩阵的确认,在此基础上进行递归的价值函数求解,直到其平衡为止。

(2) 价值函数递归模拟过程

下面的模拟针对与模型(一)对应的 Bellman 方程,研究其离散过程下的价值函数模拟过程。该方程形式为:

$$V(\theta, K) = \underset{I'_t \in \mathbf{R}^+}{\text{Max}} \left\{ K^\alpha - \frac{r}{2}(I/K)^2 K - \gamma \cdot \right.$$
$$\left. I_t + \beta E_{\theta' \mid \theta} V(\theta', K') \right\} \tag{4-27}$$

① 设定状态空间和状态转移概率矩阵。在模拟中对状态变量和控制变量规定一个范围很关键,这可以规定计算机模拟的数据界限,一般规定状态变量和控制变量在一个连续空间中,但在模拟时取离散值。而概率转移矩阵表明的是当期收益到下期状态时的变动状态。为简单起见,设其为两个离散值$[\pi_L, \pi_H]$,表明不确定性对其影响,同时规定一个状态概率转移矩阵:

$$\pi = \begin{bmatrix} \pi_{HH} & \pi_{HL} \\ \pi_{LH} & \pi_{LL} \end{bmatrix}$$

其中 $\pi_{HH} + \pi_{HL} = \pi_{LH} + \pi_{LL} = 1$。

② 模拟过程。先猜定一个价值函数 $V_0(X)$,其中 X 是离散时的各种可能的投资值。因而 $V_0(X)$ 也是一个价值向量。模拟的起始阶段,不妨设其为零向量 0,在此基础上计算第 j 阶段的模拟对应的价值函数 $V_j(X)$,则第 $j+1$ 阶段的模拟值为:

$$V_{j+1}(K) = \Gamma[V(K)] = \underset{I_t' \in \mathbf{R}^+}{\text{Max}} \left\{ K^\alpha - \frac{r}{2}(I/K)^2 K - \gamma \cdot I_t + \beta \sum_{i=L,H} \pi_i V_i(K') \right\} \quad (4\text{-}28)$$

这些阶段不断延续,直到 $|V_{j+1}(K) - V_j(K)| < \varepsilon$($\varepsilon$ 是一个规定的极小的值),此时得出的 $V^*(K) = V_{j+1}(K)$ 对应的路径 (K^*, V^*) 就是最优结果。

③ 确定最优的投资政策。此时选择与 V^* 对应的 I 从而它也成为政策函数,同时成为最优的投资重策略。即:

$$I^*(K) = \text{argmax} \left[\underset{I_t' \in \mathbf{R}^+}{\text{Max}} (K^\alpha - \frac{r}{2}(I/K)^2 K - \gamma \cdot I_t + \beta \sum_{i=L,H} \pi_i V_i(K') \right] \quad (4\text{-}29)$$

4.3 基本模型的扩展（Ⅰ）——融资约束

在完美资本市场中，企业的投资取决于其边际 Q 值，同时在满足推论 4.2 的条件下，企业投资机会也与平均 Q 值对应。但在不完全资本市场中，企业外部融资渠道将会受到一定的约束，一方面，Myers 和 Majluf 的信息不对称模型认为：资本市场中信息不对称的存在会导致公司面临融资约束，企业的投资行为也表现为投资支出可能对现金流的变动比较敏感；另一方面，Jensen 建立自由现金流量假说的代理成本模型试图证明，融资约束对应的财务变量（现金流的存量）本身是代理成本的来源，企业多余的现金持有会导致管理者在资本支出时有机会主义倾向，因而在对基本模型改进时考虑对这两个方面作改进。

考虑融资约束时，要在基本模型中定义一个债务融资变量 (B)，为此我们先定义在投资前的企业价值 w：

$$w(K,B,\theta)=(1-\delta)K+\pi(\theta,K,X)-$$
$$[1+k_b(K,B,\theta)] \cdot B \qquad (4\text{-}30)$$

其中 k_b 是债务成本，这里将 k_b 从当期收益中单列出，以分析其受融资约束相关因素的影响，此时考虑投资支出 I 时，股东当期财富则为：

$$w(K_t,B_t,\theta_t)=\pi(\theta_t,K_t,X_t)-(1+k_b) \cdot$$
$$B_t-\tau(K_t,K_{t+1})-I_t+B_{t+1} \qquad (4\text{-}31)$$

同时融资受约束体现为满足下面两个条件：

$$w(K_t,B_t,\theta_t) \geqslant \underline{w} \qquad (4\text{-}32)$$
$$B_{t+1} \leqslant \overline{B} \qquad (4\text{-}33)$$

这就确定了融资受约束的投资优化的资本预算扩展模型。

模型(二) 内部资本市场资本预算的融资约束模型

$$V(K_t, B_t, \theta_t) = \max\{w(K_t, B_t, \theta_t) + \beta \cdot$$
$$E_{\theta_{t+\tau}|\theta_t} V(K_{t+1}, B_{t+1}, \theta_{t+1})\} \quad (4\text{-}34)$$

满足式(4-32)及式(4-33)。

将式(4-31)的公式代入式(4-34)建立具体的优化方程得:

$$V(K_t, B_t, \theta_t) = \max_{K_{t+1}}\{\pi(\theta_t, K_t, X_t) - (1+k_b) \cdot B_t -$$
$$\tau(K_t, K_{t+1}) - I_t + B_{t+1}\} + \beta \cdot$$
$$E_{\theta_{t+\tau}|\theta_t} V(K_{t+1}, B_{t+1}, \theta_{t+1}) \quad (4\text{-}35)$$

考虑其中式(4-32)对应的融资约束的条件。设 λ_t 为约束条件的拉格朗日乘子,则得该优化的欧拉方程为:

$$\tau_{I_t}(K_t, K_{t+1}) + 1 = \beta \cdot E_t \frac{(1+\lambda_{t+1})}{(1+\lambda_t)}[\pi_K(\theta_{t+1},$$
$$K_{t+1}, X_{t+1}) - \tau_K(K_{t+1}, K_{t+2}) +$$
$$(1-\delta)(\tau_I(K_{t+1}, K_{t+2}) + 1)] \quad (4\text{-}36)$$

式(4-36)中的 λ_t 和 λ_{t+1} 为约束条件式(4-12)中对应的外部融资的影子价格,同样,对其融资的上限条件式(4-36)进行一阶条件优化,则得:

$$1 + \lambda_{t+1} = E_t[\beta(1+\lambda_{t+1})(1+\lambda_t) + \bar{\lambda}_t] \quad (4\text{-}37)$$

从而得出以下命题:

命题 4.2 不完美外部市场下,考虑企业投资行为的融资存在于一个受约束的环境时,其资本支出和债务融资分别满足上述式(4-36)和式(4-37)所确定的优化路径(证明见附录1)。

在上述的分析中涉及对负债融资和自有净资本使用的权衡。考虑到增加资本所受的限制居多,这里先假设是以负债融资的方式进行融资,债权人要估计未来一期企业可能的风险,以确定一个借款额度,此时的分析基础是债权人对其债务安全程度所做的合理估计,而此时存在两种情况:

(1)破产。这是融资约束的极端情况,此时企业面临的是

破产,企业净财富为负数,这一临界点的净财富满足条件:

$$V(w(\theta_{t+1}), \theta_{t+1}) = 0 \Rightarrow w_d = \underline{w} < 0, \text{且} \theta_{t+1} > \theta_T \quad (4\text{-}38)$$

在这种情况下,可以认为债权人不会以任何方式得到补偿,此时设股东的财富为 w_d。

(2) 有融资约束情况。此时企业可以得到部分债务融资,但是债权人要进行权衡,计算可能面临破产时的债务回收。

$$p_d = (1 - \xi)(1 - \delta)K_{t+1} + \pi_{t+1}(\underline{\theta}, K_{t+1}, X_t) - w_d \quad (4\text{-}39)$$

因而债权人在两种可能下的期望回收,也即企业可通过债务融资的数额为:

$$B_{t+1} = \frac{1}{1 + r_b} \Big[(1 + k_b)B_{t+1} \int_{\underline{-}}^{\theta_T} \eta(\theta) \, d\vartheta +$$
$$p_d \int_{\theta_T}^{\overline{-}} r\eta(\theta) \, d\vartheta \Big] \quad (4\text{-}40)$$

其中的 r_b 和 k_b 分别对应的是债权人的平均收益率和债务人的债务成本。根据式(4-40)也可求出对应的 k_b:

$$k_b = \frac{[1 + r_b]B_{t+1} - p_d \int_{\underline{\theta_T}}^{\theta_T} \eta(\theta) \, d\vartheta}{B_{t+1} \int^{\theta_T} \eta(\theta) \, d\vartheta} \quad (4\text{-}41)$$

这样,由命题 4.2 求得给定的 K_{t+1},当 $l = w_t + B_{t+1} - K_{t+1} < 0$,企业要通过内部权益融资方式[①];而当其为正时,外部债权人能提供足够的资金满足资本支出。此时要发生的是内部权益融资所损失的资本收益所得。因而其最优化价值 Bellman 方程为:

$$V(w_t, \theta_H) = \max\{w_t - k_e[K_{t+1} - w_t - B_{t+1} -]^{l(-)} +$$
$$\beta \cdot E_t V(w_{t+1}, \theta_{t+1}) \quad (4\text{-}42)$$

---

① 为了理解这种情形,可以采用 White 的分析思路,假设股东的净财富全部在当期分配,以新的方式进行筹资和资本结构的选择。

其中 k_e 指权益资本成本,比较式(4-40)与式(4-14)的区别在于前者是存在融资约束的情形下,权益融资时比式(4-14)所示的价值方程增加了一定比例的资本收益的减少,从而得出以下推论。

推论 4.6　融资约束的来源是债务人对企业破产风险的权衡,存在融资约束时企业的股东价值会受损。

4.4　基本模型的扩展(Ⅱ)——代理成本

新古典的投资模型经过多期性的动态优化处理后,在最优化的资源配置下,其收益有可能达到 NPV 法所设定的最大值,同时在上一部分内容中考虑的是融资约束所带来的资本调整成本的变化,这是影响 NPV 值偏离的财务结构方面的影响因素。除此之外,一个更重要的考虑内容是由于代理成本所招致的收益损毁。Jensen 在定义代理成本时确认代理成本包括三个方面的内容:委托人的监督费用、代理人的无效支出及剩余损失,这些在基于代理的研究中都将其视为对当期收益的一个减项。一旦考虑到这些因素对企业价值方程的影响时,其对应的投资优化路径也随之改变。

当存在内部资本市场的资本预算租金时,形如式(4-11)的价值优化方程中的当前利润项存在一个分离部分,我们用 ζ 表示对利润的这种调整。因而对应的企业当期财富为:

$$w(K_t, B_t, \theta_t) = (1-\zeta) \times \pi(\theta_t, K_t, X_t) -$$
$$(1+k_b) \times B_t - \tau(K_t, K_{t+1}) - I_t + B_{t+1} \quad (4-43)$$

ζ 表示这种代理成本在当期利润中的调整系数。这种代理成本有许多不同的表现,Sanikov 在其动态分析框架中建立了一种秘密储蓄账户的方式。在具有决策权分散时,分部也对其剩余所有权建立对应的余额账户,这可以理解为代理成本的一

种综合表现方式。因而可以假设分部管理者具有一个最低私有储蓄账户金额,这成为其约束条件,即:

$$\sum \zeta_t \cdot \pi(\theta_t, K_t, X_t) \geqslant s \qquad (4\text{-}44)$$

由于这一约束是多期结果,在用 Bellman 方程表示时,对这个约束的求解比较困难,因而我们可以考虑其有一个平均值 $\bar{s}$。用式(4-43)的收益模型与所确定的约束条件相结合,可以得出权衡代理成本后的投资优化模型如下:

模型(三) 资本预算的代理成本动态模型

$$V(K_t, B_t, \theta_t) = \max_{K_{t+1}} \{(1-\zeta)\pi(\theta_t, K_t, X_t) - (1+k_b) \cdot$$

$$B_t - \tau(K_t, K_{t+1}) - I_t + B_{t+1}\} +$$

$$\beta \cdot E_{\theta_{t+\tau}|\theta_t} V(K_{t+1}, B_{t+1}, \theta_{t+1}) \qquad (4\text{-}45)$$

满足约束条件:

$$\zeta_t \cdot \pi(\theta_t, K_t, X_t) \geqslant \bar{s} \qquad (4\text{-}46)$$

$$(1-\zeta)\pi(\theta_t, K_t, X_t) - (1+k_b) \cdot B_t - \tau(K_t, K_{t+1}) - I_t + B_{t+1} \geqslant \bar{w} \qquad (4\text{-}47)$$

其中两个约束条件分别对应代理成本约束和融资约束,解这个优化模型得到如下命题。

命题 4.3 考虑不完美外部市场导致融资约束以及管理者的代理成本时,企业的资本支出的最优过程满足,其资本支出决策过程满足以下的欧拉方程:

$$\tau_{I_t}(K_t, K_{t+1}) + 1 = \beta \times E_t \left[\frac{\zeta \cdot \omega_{t+1}}{1+\lambda_t} \cdot \pi_K(\theta_{t+1}, K_{t+1}, X_{t+1})\right] +$$

$$\beta \times E_t \frac{(1+\lambda_{t+1})}{(1+\lambda_t)} \times [\pi_K(\theta_{t+1}, K_{t+1}, X_{t+1}) - \tau_K(K_{t+1}, K_{t+2}) + (1-\delta)$$

$$(\tau_I(K_{t+1}, K_{t+2}) + 1)] \qquad (4\text{-}48)$$

命题 4.3 证明见附录 2。式(4-48)中的 λ_t、λ_{t+1} 和 ω_{t+1} 分别对应当期外部融资影子价格、下期外部融资的影子价格、下期的管理者隐匿行动的影响收益。该式左边表示资本支出的成本，右边表示各种来源的收益，负项 $\tau_{K_1}(K_{t+1},K_{t+2})$ 表示未来融资成本的减少，这一点与上面命题 4.2 的含义一样。

4.5　参数估计和资本预算方法的改进

建立了资本支出优化的欧拉方程后，要为命题 4.3 所对应的欧拉方程进行求解，这里我们采用数值方法，通过估计的办法估计相应的参数。其中式（4-36）和式（4-48）的结构形式相同，下面我们以（4-36）为重点，对这两个命题对应的资本预算优化模型进行参数估计。

4.5.1　估计模型的建立

欧拉方程式（4-27）对应的参数估计模型为：

$$M_{i,t+1}\frac{(1+\lambda_{i,t+1})}{(1+\lambda_{i,t})}\big[\pi_{K_{t+1}}(\theta_{i,t+1},K_{i,t+1})-\tau_{K_{t+1}}(K_{i,t+1},I_{i,t+1})+$$
$$(1-\delta_{it})(\tau_{I_t}(K_{i,t+1},I_{i,t+1})+1)\big]=\tau_{I_t}(K_{i,t+1},I_{i,t+1})+1+\varepsilon_{i,t+1}$$

$$(4-49)$$

而模型式（4-36）转化成的参数估计模型为：

$$\beta\cdot E_t\frac{(1+\lambda_{t+1})}{(1+\lambda_t)}\big[\pi_K(\theta_{t+1},K_{t+1},X_{t+1})-\tau_K(K_{t+1},K_{t+2})+$$
$$(1-\delta)(\tau_I(K_{t+1},K_{t+2})+1)\big]+\beta\cdot E_t\Big[\frac{\omega_{t+1}}{1+\lambda_t}\pi_K(\theta_{t+1},K_{t+1},$$
$$X_{t+1})\Big]-\tau_{I_t}(K_t,K_{t+1})-1=\varepsilon_{i,t+1}$$

$$(4-50)$$

这里将 β 改成 M 是因为后面的估计要用到 CAPM 的 β 值，为避免混淆，用 M 代替折现率。为估计此参数模型的参数值，必须要对其各个函数结构进行规定。

首先确定边际利润函数，此时用单位资本的利润数代替：

$$\pi_K(\theta_{i,t+1}, K_{i,t+1}) = \frac{E_{i,t+1}}{K_{i,t+1}} \qquad (4\text{-}51)$$

同时求得边际资本调整成本 $\tau_K(K_{i,t+1}, K_{i,t+2})$，Hayashi 及随后的多数公司投资研究将其视为一个二次函数，因为此时其边际数才与平均 Q 一致，即 $t(K,I) = \frac{r}{2}(I/K)^2 K$。而 White 则将其视为高阶函数：

$$\tau(K_{it}, I_{it}) = \left[a_0 + \sum_{m=2}^{M} \frac{\gamma_m}{m}\left(\frac{I_{it}}{K_{it}}\right)^m\right]K_{it} \qquad (4\text{-}52)$$

对其中的贴现率值，我们采用 CAPM 法：

$$M_{i,t+1} = \frac{1}{1 + R_f + \beta_{i,t}(R_m - R_f)} \qquad (4\text{-}53)$$

对折旧率采用 $1 - \delta_{i,t} = 1 - \frac{D_{i,t}}{K_{i,t}}$，式（4-52）对 K 和 I 求偏导数并代入式（4-49）得：

$$\beta_{i,t+1}\left(\frac{1+\lambda_{i,t+1}}{1+\lambda_{i,t}}\right)\left\{\frac{E_{i,t+1}}{K_{i,t+1}} - \left[\gamma_0 - \sum_{m=2}^{M}\frac{m-1}{m}\gamma_m\left(\frac{I_{it}}{K_{it}}\right)^m\right] + \right.$$
$$\left.\left(1 - \frac{D_{i,t}}{K_{i,t}}\right)\left[\sum_{m=2}^{M}\gamma_m\left(\frac{I_{it}}{K_{it}}\right)^{m-1} + 1\right]\right\} = \sum_{m=2}^{M}\gamma_m\left(\frac{I_{it}}{K_{it}}\right)^{m-1} + 1 + \varepsilon_{i,t+1}$$
$$(4\text{-}54)$$

余下的是 $(\lambda_{i,t+1})$ 的确定，它是融资约束的代理变量，但在我们的估计中，要针对其影响因素，构建一个结构变量对其进行度量。根据 FHP 及随后的多数实证研究方法，我们构造的融资约束影响的结构变量如下：

$$\lambda_{i,t} = c_0 + c_1 LD_{i,t} + c_2 TA_{i,t} + c_3 SG_{i,t} + c_4 CF_{i,t} + c_5 CS_{i,t}$$
$$(4\text{-}55)$$

其中 LD 表示长期债务，TA 是总资产的对数，SG 是销售增长率，CF 是年度现金流量，CS 是债务资产比。

另一方面，与融资约束的度量相似，在分析代理成本的影响因素时，我们将其视为公司治理（CG）、现金持有量（CH）、多元化程度（Herfindahl 指数）的综合影响，其中现金持有量取其与资产的比值，公司治理取十大股东的股权集中度的 Herfindahl 指数。

$$\omega_t = b_0 + b_1 CG_{it} + b_2 CH_{i,t} + b_3 HindD_{it} \qquad (4\text{-}56)$$

将上述欧拉方程中具体的函数形式代入（式（5-55）及式（5-56）），得到最终要估计的参数模型 1。

$$\left(\frac{1 + c_0 + c_1 LD_{i,t+1} + c_2 TA_{i,t+1} + c_3 SG_{i,t+1} + c_4 CF_{i,t+1} + c_5 CS_{i,t+1}}{1 + c_0 + c_1 LD_{i,t} + c_2 TA_{i,t} + c_3 SG_{i,t} + c_4 CF_{i,t} + c_5 CS_{i,t}} \right) \times$$

$$\left(\frac{E_{i,t+1}}{K_{i,t+1}} - \left(\gamma_0 - \sum_{m=2}^{M} \frac{m-1}{m} \gamma_m \left(\frac{I_{it}}{K_{it}} \right)^m \right) + \left(1 - \frac{D_{i,t}}{K_{i,t}} \right) \left(\sum_{m=2}^{M} \gamma_m \left(\frac{I_{it}}{K_{it}} \right)^{m-1} + \right.$$

$$\left. 1 \right) \right) \times \left(\frac{1}{1 + RF_t + \beta_{i,t}(R_{m,t} - RF_t)} \right) - \sum_{m=2}^{M} \gamma_m \left(\frac{I_{it}}{K_{it}} \right)^{m-1} - 1 = \varepsilon_{i,t+1}$$

$$(4\text{-}57)$$

4.5.2　用广义矩估计法（GMM）估计融资约束的参数

考虑到估计模型的结构特点，我们采用 GMM 方法对参数向量进行估计，对其中的参数向量 $\vartheta = [\gamma_1, \gamma_2, c_0, c_1, c_2, c_3, c_4, c_5, b_0, b_1, b_2, b_3]'$，采用 GMM 法估计时，即要参数结果满足 $\vartheta = \mathrm{argmin}[m(\vartheta)'Wm(\vartheta)]$，而 $m(\vartheta)$ 是对应的矩，W 则是权重方阵，而这两个参数的构建是 GMM 方法应用的关键。

对 $m(\vartheta)$ 的选择而言，通过样本估计时，由于待估参数为多个，因而要建立多个矩变量或工具变量，其中矩的个数要大于或等于待估的参数个数。在我们的矩选择中，根据财务数据具有时间性的特点，同时由于随后选择的企业样本的时间序列时间间隔（8 年），因而我们将所有变量的时间序列 N 阶滞后变量都作为工具变量。

在选定了矩变量后，权阵的算法是一个迭代过程，首先要选定一个初始的权阵，在此基础上估计参数值，同时以这个初始估计的参数值为标准计算一个新的权阵,反复迭代直至待估参数平稳为止,在投资中的估计方法多是沿袭 Hayashi 的基于渐近方差矩阵的逆阵权重设计方法。

4.5.3　模型的实证意义

上述估计模型在两个方面有重要意义:这两个估计模型是由动态价值的优化推导出来的,即将价值优化转为投资优化,这为后续内部资本市场的实证研究提供了基础。就投资与融资约束的实证检验而言,此时有两种实证研究思路:一是根据 Stein 的假设及模型条件,基于分部数据,详细检验分部的投资与分部的投资机会是否具有高的敏感度,进一步甚至可以检验价值效应(即多元化价值的变化)。事实上这也是 Lamont 内部资本市场检验的主要内容。二是将内部资本市场作为一个整体,讨论融资约束对整体投资行为的影响,同时考虑不同的内部资本市场结构下,这种影响程度的大小。这是基于 FHP 方法的检验的主要思想。对前一种检验方法而言,其相关性大小取决于企业能否提供分部数据及其准确性,因而这种检验方法针对中国上市公司而言缺乏数据基础①。而后一种方法作为内部资本市场配置效率的整体检验方法,则把重点放在融资约束(或代理成本)上。这也是本书后两章实证研究的基准。

4.5.4　模型对资本预算 NPV 法的改进

这个模型更进一步的意义是建立了两个统计指标——融资约束程度和代理成本的影响系数。对具体的资本预算应用而言,当采取传统的 NPV 法时,这两个度量正是欠缺的关键之

---

① 即便美国提供了类似 Compustat 的分部数据库,建立了对内部资本市场的分部投资进行检验的基础,但 Lamont 也认为分部数据未经过严格的审核过程,也存在很多的不准确性,因而 Lamont 在论文中对内部资本的检验的结论也是慎之又慎,最后才得出的结论也是"通过类似事件研究,我的研究表明内部资本市场的存在性"。其全文也是类似基于 FHP 方法研究投资与现金流的关系的。

处,这两者都构成了"为什么正的 NPV 资本预算项目也会失败",原因在于资本预算运用 NPV 时,缺乏对融资约束对应的成本变化和代理问题带来的激励失效问题的权衡。因而在这个模型的估计数据的基础上,我们可以建立"权衡了融资约束和代理成本的改进 NPV 资本预算模型",即通过估计模拟计算出其各个财务因素的影响系数后,再根据当前期初的财务数据计算融资约束和代理成本的调整系数值,在此基础上计算修正的净现值(Adjusted-NPV)。

$$\text{ANPV} = \sum_{t=0}^{T} \frac{(1-\omega)CF_t}{(1+r)(1+\lambda)} \tag{4-58}$$

其中分子的$(1-\omega)$乘子是对代理成本的调整,而分母的$(1+\lambda)$部分则是对融资约束带来的资本成本变化的调整。这种估计模型应用时可以以所有公司的数据为样本,从而得出上市公司的整体融资约束和代理成本的估计系数;而如果具体归结到某一企业的应用时,我们可以针对该企业在时间序列上的投资变化估计其个体的代理成本系数和融资约束系数,并计算相应的 ANPV。

4.6　小结

资本预算是内部资本市场运行的核心功能,本章首先基于新古典的动态经济学分析,建立了一个动态分析的资本预算模型。动态资本预算模型的关键是对资本调整成本的引入,这种引入在投资理论和企业财务结构政策间建立了一个理论的逻辑联结。命题 4.1 及相关推论表明引入资本调整成本后,企业投资行为及其业绩的财务动态分析的基础更为完整,该命题的结论也是 Hashyni 及 Lucas 动态投资模型在资本预算上的扩展。接下来本章对基本资本预算模型在融资约束和代理成本两方面作了模型扩展,命题 4.2 及相关推论表明在不完美的 MM 条件下,信息不对称是如何影响企业资本预算的动态过程的;命题 4.3 则表明同时考虑融资约束和代理成本时,企业资本预算的最优选择途径应该如何。由于本章的模型研究是在动态分析框架下,因此 Cooper 和 Pindyck 分别引入的价值路径的模拟方法有助于更明确地对该方法的决策过程进行模拟,但本章对模拟方法的改进体现在基于所建立的动态模型中包含财务结构变量。

本章针对性的研究基于内部资本市场理论,为资本预算建立了融资约束和代理成本权衡的财务学模型,并且由于目前对融资约束和代理成本缺少一种合理的计算方法,本章引入基于 GMM 的估计方法,即基于企业以往的财务数据,为融资约束和代理成本建立了计量模型,在此基础上可以估计两者的参数。本章更进一步强调将这两个体现信息不对称和委托代理问题的财务变量(指数)用于对资本预算方法的改进,建立了一种不同于现有的以"折现"为主要途径的资本预算决策方法,即将由 GMM 估计而得来的融资约束和代理成本指数用于对 NPV 的调整。

本章附录

附录 1　命题 4.2 证明

对优化方程：

$$V(K_t, B_t, \theta_t) = \max_{K_{t+1}} \{\pi(\theta_t, K_t, X_t) - (1+k_b) \cdot B_t - \tau(K_t, K_{t+1}) - I_t + B_{t+1}\} + B \cdot E_{\theta t + \tau | \theta_t} V(K_{t+1}, B_{t+1}, \theta_{t+1})$$

满足 $w(K_t, B_t, \theta_t) \geqslant \underline{w}$ 时，建立拉格朗日方程得：

$$L = \pi(\theta_t, K_t, X_t) - (1+k_b) \cdot B_t - \tau(K_t, K_{t+1}) - I_t + B_{t+1} + B \cdot E_{\theta_{t+\tau}/\theta_t} V(K_{t+1}, B_{t+1}, \theta_{t+1}) + \lambda[\underline{w} - (\pi(\theta_t, K_t, X_t) - (1+k_b) \cdot B_t - \tau(K_t, K_{t+1}) - I_t + B_{t+1})]$$

对其求一阶条件：

$$(1+\lambda_t)[\tau_{K_{t+1}}(K_t, K_{t+1}) + 1] = B \cdot E_{\theta_{t+\tau}/\theta_t} V_{K_{t+1}}(K_{t+1}, B_{t+1}, \theta_{t+1})$$

$$V(K_{t+1}, B_{t+1}, \theta_{t+1}) = \max_{K_{t+1}} \{\pi(\theta_{t+1}, K_{t+1}, X_{t+1}) - (1+k_b) \cdot B_{t+1} - \tau(K_{t+1}, K_{t+2}) - I_{t+1} + B_{t+2}\} + B \cdot E_{\theta_{t+\tau}/\theta_t} V(K_{t+2}, B_{t+2}, \theta_{t+2}) + \lambda_{t+1}[\underline{w} - (\pi(\theta_{t+1}, K_{t+1}, X_{t+1}) - (1+k_b) \cdot B_{t+1} - \tau(K_{t+1}, K_{t+2}) - I_{t+1} + B_{t+2}]$$

运用包络定理得：

$$V_{K_{t+1}}(K_{t+1}, B_{t+1}, \theta_{t+1}) = (1+\lambda_{t+1})[\pi_{K_{t+1}}(\theta_{t+1}, K_{t+1}, X_{t+1}) - \tau_{K_{t+1}}(K_{t+1}, K_{t+2}) + (1-\delta)(\tau_{K_{t+2}}(K_{t+1}, K_{t+2}) + 1)]$$

代入上式得：

$$\tau_{K_{t+1}}(K_t, K_{t+1}) + 1 = B \cdot E_t \frac{(1+\lambda_{t+1})}{(1+\lambda_t)}[\pi_{K_{t+1}}(\theta_{t+1}, K_{t+1}, X_{t+1}) - \tau_{K_{t+1}}(K_{t+1}, K_{t+2}) + (1-\delta)(\tau_{K_{t+2}}(K_{t+1}, K_{t+2}) + 1)]$$

也即：

$$\tau_{I_t}(K_t, K_{t+1}) + 1 = B \cdot E_t \frac{(1+\lambda_{t+1})}{(1+\lambda_t)}[\pi_K(\theta_{t+1}, K_{t+1}, X_{t+1}) - \tau_K(K_{t+1}, K_{t+2}) + (1-\delta)(\tau_1(K_{t+1}, K_{t+2}) + 1)]$$

附录2　命题 4.3 证明

首先,建立拉格朗日优化方程,其中 $\bar{\omega}_t$,λ_t 分别为约束的拉氏乘子。

$$V(K_t,B_t,\theta_t)=\max_I\{(1-\zeta)\pi(\theta_t,K_t,X_t)-(1+k_b)\cdot B_t-\tau(K_t,K_{t+1})-I_t+B_{t+1}\}+\beta\cdot E_{\theta_{t+\tau}|\theta_t}V(K_{t+1},B_{t+1},\theta_{t+1})+\bar{\omega}_t(\bar{s}-\zeta_t\cdot\pi(\theta_t,K_t,X_t))+\lambda_t[\bar{\omega}_t-(1-\zeta)\pi(\theta_t,K_t,X_t)-(1+k_b)\cdot B_t-\tau(K_t,K_{t+1})-I_t+B_{t+1}]$$

对其求 F.O.C 得:

$$-\tau_{K_{t+1}}(K_t,K_{t+1})-1+\beta\cdot E_{\theta_{t+\tau}|\theta_t}V_{K_{t+1}}(K_{t+1},B_{t+1},\theta_{t+1})+\lambda_t[\tau_{K_{t+1}}(K_t,K_{t+1})-1]=0$$

整理得:

$$\beta\cdot E_{\theta_{t+\tau}|\theta_t}V_{K_{t+1}}(K_{t+1},B_{t+1},\theta_{t+1})=(1+\lambda_t)[\tau_{K_{t+1}}(K_t,K_{t+1})+1]$$

为求得左边的内容,对 Bellman 方程进行变换得:

$$V(K_{t+1},B_{t+1},\theta_{t+1})=\max_{K_{t+2}}\{(1-\zeta)\pi(\theta_{t+1},K_{t+1},X_{t+1})-(1+k_b)\cdot B_{t+1}-\tau(K_{t+1},K_{t+2})-I_{t+1}+B_{t+2}\}+B\cdot E_{\theta_{t+\tau}/\theta_t}V(K_{t+2},B_{t+2},\theta_{t+2})+\bar{\omega}_{t+1}(\bar{s}-\zeta\cdot\pi(\theta_{t+1},K_{t+1},X_{t+1}))+\lambda_{t+1}[\bar{\omega}-(1-\zeta)\pi(\theta_{t+1},K_{t+1},X_{t+1})-(1+k_b)\cdot B_{t+1}-\tau(K_{t+1},K_{t+2})-I_{t+1}+B_{t+2}]$$

运用包络定理得:

$$V_{k_{t+1}}(K_{t+1},B_{t+1},\theta_{t+1})=(1+\lambda_{t+1})[(1-\zeta)\pi_{k_{t+1}}(\theta_{t+1},K_{t+1},X_{t+1})-\tau_{K_{t+1}}(K_{t+1},K_{t+2}))+(1-\delta)(\tau_{K_{t+2}}(K_{t+1},K_{t+2})+1)]+\bar{\omega}_{t+1}[\zeta\cdot\pi_{K_{t+1}}(\theta_{t+1},K_{t+1},X_{t+1})]$$

将该式代入一阶条件的左边并化简得:

$$\tau_K(K_t,K_{t+1})+1=\beta\cdot E_t\left[\frac{\zeta\cdot\bar{\omega}_{t+1}}{1+\lambda_t}\cdot\pi_K(\theta_{t+1},K_{t+1},X_{t+1})\right]+B\cdot E_t\left\{\frac{1+\lambda_{t+1}}{1+\lambda_t}\cdot[(1-\zeta)\pi_K(\theta_{t+1},K_{t+1},X_{t+1})-\tau_{K_1}(K_{t+1},K_{t+2})+(1-\delta)(\tau_{K_{t+2}}(K_{t+1},K_{t+2})+1)]\right\}$$ 命题得证。

第5章　内部资本市场资本预算的代理模型

组织结构的不同形式影响企业的资本预算行为,内部资本市场的运行作为企业效率的来源之一,其资本预算配置也当然有其特定运行模式。但内部资本市场不同于独立企业,区别在于总部与分部存在新的契约结构和激励机制,因而如何考虑在信息不对称和委托代理框架下构建这种预算激励可行契约是其关键。在 Stein 等人对内部资本市场的预算行为的代理模型中,采用的基本假设是资金受约束,进而把分析的重点放在内外部资本来源的效率配置的比较上,代理问题演变成内外部资本的收益权衡问题。在本章中假设:对内部资本市场而言,资源约束只是个资本结构的问题,对内部资本市场的配置而言,它是一个外在的问题。因而内部资本市场对资本配置的研究对象应该是企业集团在已有的资本结构(及问题)情况下,如何最大限度地获取预算契约事前、事中和事后的验证信息,建立适应的激励机制。

5.1　内部资本市场的逆向选择模型

考虑一个由一个总部 H 和两个分部 D_1 及 D_2 构成的企业集团,D_i 利用各自的专用资产寻找了一个相同的投资机会,D_i 对单位资金管理能力差异所产生的成本 $T_i \in \Theta = \{t_i, \overline{t_i}\}$,是分部管理的私人信息。对分部的投资额 I_i,分部的利润函数是:

$\pi_i(I_i):\pi \rightarrow R$,其中 I 是投资额[①],它是凹函数,即 $\pi'>0,\pi''<0$。各分部管理者得到一个 W_i 的报酬。此时总部在预算中的主要职能是建立最优资金量的分配,不失一般性,在这里不妨假设 $\overline{t_i}=0$ 且 $t_1>t_2$,前者将其成本定为无穷大[②],后者则不妨设由于 D_1 比 D_2 项的能力差而导致的资金投资成本高;并将 $\Delta t_i = t_1 - t_2$ 称为组织能力差异幅度。此时总部的收益为 $\sum_{i=1,2}[\pi(I_i)-w_i]$,分部管理者成本为 $C_i(t_i,I_i)=I_i t_i + F$,F 是分部管理者对非预算项目管理的成本,在本阶段的模型中,不影响分析的结果,不妨定其为 0。为此建立的契约结构为 $\{(I,w):q\in R^+,w\in R\}$,其博弈过程如图 5-1 所示,$H$ 提供契约时,已经给定了分部的组织能力类型。

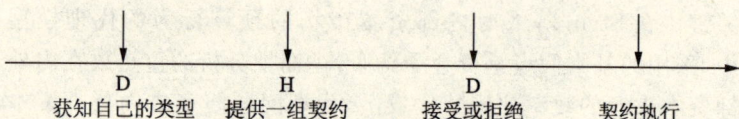

D	H	D	
获知自己的类型	提供一组契约	接受或拒绝	契约执行

图 5-1　逆向选择博弈过程

5.1.1　完全信息下的最优契约

在确定契约所规定的分部管理的报酬时,当分部管理者是风险中性时,公式化其效用函数为 $U_i = w_i - I_i t_i$,在完全信息下,总部可以达到使 U_i 都为 0,在此基础上构建的分离投资均衡确定最优投资量和相应的报酬契约:

$$\pi'(I_i^*)=t_i$$

$$w_i = I_i^* t_i$$

---

①　一般说来,如果是项目预算,其数额应该会是个相对固定的金额,这里先将投资额作为一个契约变动数,实际上的费用预算确实有一个变化区间,后面将就这个做进一步的分析。

②　假设成本大到足够引起企业破产的情况,此时的契约表现为整体性的失败。

　　对两分部而言如果收益总额 $\pi(I_i) - I_i t_i > 0$，则两者都是可以投资的预算。进一步由于 $\pi(I_i^*) - I_i^* t_2 \geqslant \pi(I_i^*) - I_i^* t_2 \geqslant \pi(I_i^*) - I_i^* t_1$，因此只要弱分部在这种预算选择机制下 D_1 有正的效益，则两分部预算契约总可以达成，但明显由于利润函数的凹性，$I_2^* > I_1^*$，图 5-2 描述了对称信息下的契约过程。

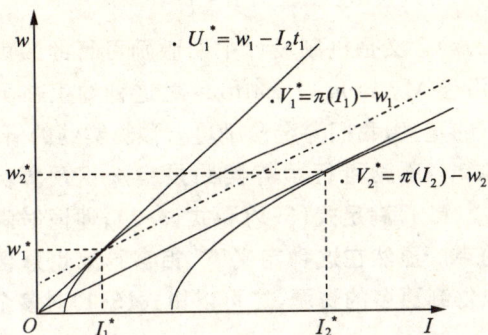

图 5-2　内部资本市场预算契约分析图

5.1.2　不完全信息下的最优契约

　　当在预算合约制订之前，总部对分部的信息是未知的，这时在对称信息下的最优契约 $\{(w_1^*, I_i^*), (w_2^*, I_i^*)\}$ 将不再可行，这一点也可以从图 5-1 看出，当 D_2 选择为 D_1 设计的预算契约时，明显有一个正的效用水平（对应图中点横线），此时为 D_2 设计的契约将不再可行。Laffont 定义了相容契约的概念，它是指代理人能在分离均衡的契约选择时存在可行的偏好选择集。因此在这一思路下我们定义相容预算契约。

　　定义 5.1　相容预算契约是指一组契约 $\{(w_1^*, I_i^*), \cdots, (w_n^*, I_n^*)\}$ 是激励相容的，表明的是任意分部对为其他分部设计的契约 (w_{-i}^*, I_{-i}^*) 是弱偏好的，即：

$$w_i - I_i t_i \geqslant w_{-i} - I_{-i} t_i \tag{5-1}$$

　　在定义 5.1 之下，上述两分部的相容预算可表示成：

$$w_1 - I_1 t_1 \geqslant w_2 - I_2 t_1 \text{ 且 } w_2 - I_2 t_2 \geqslant w_1 - I_1 t_2$$

当然,前面在完全信息下,假设总部可以设计契约使分部的效用为零(即上述不等式条件是紧的,取等号),但在一般情况下,当管理者可以有一个外部平均预期效用 U_0 时,则要对参与行为施加补充约束条件。

$$w_i - I_i t_i \geqslant U_0 \tag{5-2}$$

式(5-2)的含义是机制设计中的激励可行的约束所对应的效用约束,沿袭 Myerson 及 Laffont 对这种约束在契约中所起的激励可行的定义,我们界定激励可行预算契约的概念。

定义 5.2 激励可行预算契约是指一组预算契约$\{(w_1^*, I_i^*), \cdots, (w_n^*, I_n^*)\}$满足式(5-1)和式(5-2),即同时满足相容约束与参与约束。显然在这种定义下,相容约束也蕴含了高效率的分部可以得到更多的资源,这可以由式(5-1)对多个分部进行求和而得。

对上述激励可行预算契约的求解要涉及对分部管理能力的(效率)信息结构的了解,下面假设总部对分部的信息结构的了解存在一个概率分布 $f(t_i)$ 函数。

5.1.3 不完全信息下的预算租金

在完全信息下,总部可以设计契约使分部的净效用 U 为 0,但在不完全信息下,如图 5-1 所示,如果没有额外报酬,高管理效率的分部有动机去选择低效率分部的契约,此时其分部可以获得额外效用。就两分部而言,高效率分部选择低效率的契约时,其获取的效用为:

$$
\begin{aligned}
U_2 &= w_1^* - I_i^* t_2 = w_1^* - I_i^* t_1 + (t_1 - t_2) I_i^* \\
&= U_1 + \Delta t I_i^*
\end{aligned}
\tag{5-3}
$$

此时,即使低效率分部的预算效用约束为紧,高效率分部依然有一个效用增量 $\Delta t I_i^*$。对总部而言,如果要求低效率的分部参与预算过程,则必须要承担高效率分部的逆向选择,此时唯一的解决办法是赋予其由于效率差带来的效用增量 $\Delta t I_i^*$ 。GSS指出企业内部管理者的寻租行为会迫使企业 CEO 扭曲资本配置。但我们一旦明确内部资本市场的核心配置与资本预算的联系时,很自然的逻辑就是内部资本市场的寻租行为来自于资本预算过程。因此我们给出以下定义。

定义 5.3 预算租金是分部净效用的来源,它由于预算契约制订中的信息不对称而产生,其值等于高效率分部模仿低效率分部所带来的净效用增加。

$$\max_{i=1\cdots n}U_i=w^*_{-i}-I^*_{-i}t_i \tag{5-4}$$

由于在一组预算可行契约中,总部可以设计最低分部的效用为 0,因而预算租金就可以用 $w_i-I_it_i$ 来衡量。在信息不对称下,分部的管理效率信息是私有信息,总部对此信息不完全确定,但是一般情况下假设其知道信息的概率分布 $\Pr(t_i)$。此时可以构建如下的预算优化模型:

$$(\mathrm{BSB}:n):\max_{i=1\cdots n}[\pi(I_i)-w_i]P(t_i) \tag{5-5}$$

$$s.t. \quad w_i-I_it_i\geqslant w_{-i}-I_{-i}t_i \tag{5-5. IC}$$

$$w_i-I_it_i\geqslant U_i^0 \tag{5-5. IR}$$

对应于两分部而言:

$$(\mathrm{BSB}:2):\max[(\pi(I_1)-w_1)P(t_1)+(\pi(I_2)-w_2)P(t_2)] \tag{5-6}$$

$$s.t. \quad w_1-I_1t_1\geqslant w_2-I_2t_1 \tag{5-6. IC1}$$

$$w_1-I_1t_1\geqslant w_2-I_2t_1 \tag{5-6. IC2}$$

$$w_1-I_1t_1\geqslant U_1^0 \tag{5-6. IR1}$$

$$w_2-I_2t_2\geqslant U_2^0 \tag{5-6. IR2}$$

此时(BSB:2)的目标函数可以替换成预算租金的形式,不失一般性,将各分部的外部预期效用设为 0,则其变成为:

$$\max\big[(\pi(I_1)-I_1t_1)P(t_1)+(\pi(I_2)-I_2t_2)P(t_2)\big]-$$
$$\big[(U_1P(t_1)+U_2P(t_2)\big]$$

$$(5\text{-}7)$$

$$\text{s. t. } U_2\geqslant U_1+\Delta tI_1 \qquad (5\text{-}7.\,\text{IC1})$$
$$U_1\geqslant U_2-\Delta tI_2 \qquad (5\text{-}7.\,\text{IC2})$$
$$U_1\geqslant 0 \qquad (5\text{-}7.\,\text{IR1})$$
$$U_2\geqslant 0 \qquad (5\text{-}7.\,\text{IR2})$$

5.1.4　求不完全信息下的预算优化的次优解

由于存在信息租金，可以发现此时的优化问题（BSB:2)的解次优于（Budgeting Second Best)完全信息的预算契约。对此问题可以用拉格朗日法求解，但这里对两分部而言可以用简化方法直接对其约束条件进行分析，我们可以发现约束条件 IR1，IC1 是紧的，相对而言，IC2 表明低效率的分部模仿高效率的分部成本太高[①]，则约束条件可以变为：$U_2=\Delta tI_1$ 及 $U_1=0$，则目标函数可以表示成：

$$\max\big[(\pi(I_1)-I_1t_1)P(t_1)+(\pi(I_2)-I_2t_2)P(t_2)\big]-$$
$$\Delta t\cdot I_1.P(t_2)\big]$$

$$(5\text{-}8)$$

其 F. O. C 为：$\pi'(I_1^{SB})=t_1+\dfrac{p(t2)}{p(t1)}\Delta t$ 和 $\pi'(I_2^{SB})=t_2$

对应的次优管理者报酬分别为：$w_2^{SB}=t_2I_2^{SB}+\Delta t\cdot I_1^{SB}$ 和 $w_1^{SB}=t_1I_1^{SB}$。

F. O. C 表明：次优解下，高效率的分部其预算契约中的预算数与最优解一致 $I_2^{SB}=I_i^*$；而由于利润函数的凹性，低效率分

---

① 在上述线性的成本函数下，显然成立，在非线性的成本下，则一般要求各分部的效用曲线满足 Spence-mireless 条件，其条件是要求不同的代理人的效用曲线只相交一次。

部的预算投入要少于最优条件的预算数 $I_1^{SB} < I_i^*$。以上对存在分部能力或效率差异时的委托代理分析及预算租金的描述过程,就成为融资非约束时的内部资本市场预算契约结构的特性。具体表述为以下命题:

命题 5.1　在融资不受约束的信息不对称条件下,激励可行预算契约具有以下特征:(1)高效率的预算分部其预算数量不存在扭曲 $I_2^{SB} = I_i^*$,而低效率的分部的预算点则相对于完全信息而言向下扭曲,即 $I_1^{SB} < I_i^*$;(2)高效率的预算分部得到严格正的预算租金 $\Delta t I_1^{SB}$;(3)预算分部管理者报酬(转移支付)为: $w_2^{SB} = t_2 I_2^{SB} + \Delta t I_1^{SB}$ 和 $w_1^{SB} = t_1 I_1^{SB}$。

5.1.5　不完全信息下的事先行动预算模型

在内部资本市场的预算代理中,也存在分部管理者对私有信息不是完全确认时候的预算行为,比如企业新并购的企业,管理者对管理适应性也未必有确切的把握,但这时也可能存在一种预算契约的制订,如图 5-3 的博弈过程,此时的预算契约可以定义为事先参与。

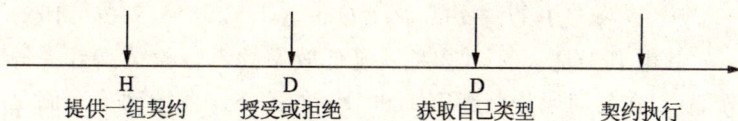

图 5-3　不完全信息下的博弈过程

此时对分部管理者而言,我们将其分为风险中性和风险回避两种情形。但注意到此时不能继续假设 $\bar{t}_i$ 为无穷大,企业兼并或建立一个分部时多数假设其预算成本不至于大到使整体企业失败的风险,此时不妨假设 D_2 分部管理者不能完全确定项目的预算成本,而 D_1 还是知道自己的资本运营信息,并令: $\bar{t}_2 = t_1 > t_2$(表明强的分部在正常情况的预算过程中,强分部的管理层可能比弱分部管理层花费更多资本支出)。

（一）风险中性的分部管理者

由于 D_2 管理者为风险中性，其参与约束 IR2 变为：
$$P_2 U_2 + (1-P_2)(U_2 - \Delta t I_2) \geqslant 0$$

而此时的总部预算优化函数为：

$$[(\pi(I_1)-w_1)P_1 + (\pi(I_2)-w_2)P_2 + (\pi(I_2)-w_2')(1-P_2) =$$
$$[(\pi(I_1)-U_1-I_1 t_1)P_1 + (\pi(I_2)-U_2-I_2 t_2)P_2 +$$
$$(\pi(I_2)-U_1-I_1 t_1)(1-P_2)(\bar{t_2}=t_1) = [\pi(I_1)-I_1 t_1]P_1 +$$
$$[\pi(I_2)-I_2 t_2]P_2 + [\pi(I_2)-I_1 t_1](1-P_2) -$$
$$[(1+P_1-P_2)U_1 + P_2 U_2)$$

从而其优化模型为（BSB'：2）：

$$\max\{[\pi(I_1)-I_1 t_1]P_1 + [\pi(I_2)-I_2 t_2]P_2 +$$
$$[\pi(I_2)-I_1 t_1](1-P_2) - [(1+P_1-P_2)U_1 + P_2 U_2)]\}$$

$$(5-9)$$

$$\text{s. t. } U_2 \geqslant U_1 + \Delta t I_1 \qquad (5-9.\text{IC1})$$
$$U_1 \geqslant U_2 - \Delta t I_2 \qquad (5-9.\text{IC2})$$
$$U_1 \geqslant 0 \qquad (5-9.\text{IR1})$$
$$P_2 U_2 + (1-P_2)(U_2 - \Delta t I_2) \geqslant 0 \qquad (5-9.\text{IR2})$$

其中 IR1 是紧的，IC2 是满足低效率的不会模仿高效率的分部，现在的问题是判断 IC1 和 IR2 的关系。注意到 IC2 满足的条件下，IR2 相对 IC1 是紧的。则上述优化问题可化成：

$$\max\{[\pi(I_1)-I_1 t_1]P_1 + [\pi(I_2)-I_2 t_2]P_2 +$$
$$[\pi(I_2)-I_1 t_1](1-P_2) - \Delta t I_1 P_2\} \quad (5-10)$$

在 F. O. C 下：$\pi'(I_1^{SB'}) = t_1 + \frac{p(t_2)}{p(t_1)}\Delta t + \frac{1-p(t_2)}{p(t_1)} t_1$ 及 $\pi'(I_2^{SB'}) = t_2$。

此时对应的次优管理者报酬分别为：$w_2^{SB'} = t_2 I_2^{SB'} + \Delta t. I_1^{SB}$ 和 $w_1^{SB'} = t_1 I_1^{SB'}$，由此得出以下事先行动的激励可行预算契约命题。

命题 5.2　在融资不受约束的信息不对称条件下,风险中性的高效率的分部做事先行动时的激励可行预算契约具有以下特征:

(1) 高效率的预算分部其预算数量不存在扭曲 $I_2^{SB'} = I_2^{SB} = I_i^*$,而低效率的分部的预算点即使相对于不完全信息也有向下扭曲,即 $I_1^{SB'} < I_1^{SB} < I_i^*$。

(2) 高效率的预算分部得到严格正的预算租金 $\Delta t \cdot I_1^{SB'}$。

(3) 预算分部管理者报酬(转移支付)为:$w_2^{SB'} = t_2 I_2^{SB} + \Delta t I_1^{SB'}$ 和 $w_1^{SB} = t_1 I_1^{SB'}$。

(二)风险回避的分部管理者

设风险回避的 D_2 的冯·诺依曼效用函数定义在货币支付 $w_2 - I_2 \cdot t_2$ 上,且 $u' > 0, u < 0, u(0) = 0$,则 D_2 管理者的 U_2 表示成:$P_2 u(U_2) + (1 - P_2) u(U_2 - \Delta t I_2) \geqslant 0$,因而其优化模型可以表示成:

$$\max \{ [\pi(I_1) - I_1 t_1] P_1 + [\pi(I_2) - I_2 t_2] P_2 +$$
$$[\pi(I_2) - I_1 t_1](1 - P_2) - [(1 + P_1 - P_2) U_1 +$$
$$P_2 u(U_2) + (1 - P_2) u(U_2 - \Delta t I_2)] \}$$

$$(5\text{-}11)$$

$$\text{s. t.}\quad P_2 u(U_2) + (1 - P_2) u(U_2 - \Delta t I_2) \geqslant U_1 + \Delta t I_1$$

$$(5\text{-}11.\text{IC1})$$

$$U_1 \geqslant U_2 - \Delta t I_2 \qquad (5\text{-}11.\text{IC2})$$

$$U_1 \geqslant 0 \qquad (5\text{-}11.\text{IR1})$$

$$P_2 u(U_2) + (1 - P_2) u(U_2 - \Delta t I_2) \geqslant 0 \quad (5\text{-}11.\text{IR2})$$

同样 IR1 是紧的,在 IC2 满足的情况下,根据其优化模型的 F. O. C 可以得出以下命题:

命题 5.3　在融资不受约束的信息不对称条件下,存在风险回避的高效率分部事先行动时的激励可行预算契约具有以下特征:

（1）高效率的预算分部其预算数量不存在扭曲 $I_2^{SB''} = I_2^{SB} = I_i^*$，而低效率的分部的预算点即使相对于不完全信息也有向下扭曲，即 $I_1^{SB''} < I_1^{SB'} < I_i^*$。

（2）高效率的预算分部得到严格正的预算租金 $\Delta t I_1^{SB''}$。

（3）预算分部管理者转移支付为：$w_2^{SB'} = t_2 I_2^{SB} + \Delta t I_1^{SB'}$ 和 $w_1^{SB} = t_1 I_1^{SB'}$。

5.1.6 不完全信息下考虑信号效应的预算模型

在企业集团的资本预算中，考虑到分部预算存在不确定性，可以通过对事后（或契约过程中）外生的可验证信号效应设计一个更良好的契约结构。资本预算中的事后可验证信号实际上是可以取得的，例如对预算过程进行监督，过程中的抽查等，这些形式获取的事后可验证信号提供的有利信息可以有效地缩小信息差，以改善预算契约。

与 5.1.5 节对高效率分部能力的不确定性类似，这里的不完全信息是针对总部的私有信息的。为简化起见，这里假设边际资本信号只取两个值 σ_1 和 σ_2，这与 D_2 的可能分布存在联合分布：

$$\mu_1 = \Pr(\sigma = \sigma_1 / t = t_2) \geqslant \frac{1}{2}$$

$$\mu_1 = Pr(\sigma = \sigma_2 / t = \bar{t_2}) \geqslant \frac{1}{2}$$

这里如果 $\mu = 1/2$ 时，实际上不提供任何有用的信息。由于信号影响了契约结构 $\{I, w\}$，按概率分布重新描述其预算租金如下：

$$U_{11} = w(t_2, \sigma_1) - t_2 I(t_2, \sigma_1); U_{12} = w(t_2, \sigma_2) - t_2 I(t_2, \sigma_2)$$

$$\bar{U}_{11} = w(\bar{t_2}, \sigma_1) - t_2 I(\bar{t_2}, \sigma_1); \bar{U}_{12} = w(\bar{t_2}, \sigma_2) - t_2 I(\bar{t_2}, \sigma_2)$$

此时 D_2 的激励与参与约束必须用信号表示的信息租金重新表述：

$$\mu_1 U_{11} + (1-\mu_1)U_{12} \geqslant \mu_1(\overline{U}_{11} + \Delta t I_1) + (1-\mu_1)(\overline{U}_{12} + \Delta t I_1)$$
$$(1-\mu_2)\overline{U}_{11} + \mu_2\overline{U}_{12} \geqslant (1-\mu_2)(U_{11} - \Delta t I_2) +$$
$$(1-\mu_1)(U_{12} - \Delta t I_2)$$

而两个分部的参与约束分别为：

$$\mu_1 U_{11} + (1-\mu_1)U_{12} \geqslant 0$$
$$(1-\mu_2)\overline{U}_{11} + \mu_2\overline{U}_{12} \geqslant 0$$

定义 5.4　信号预算可行契约是通过事后可验证信号对预算契约的改进模型。

$$\max\left\{ \sum\sum [\pi(I_{ij}) - I_{ij}t_{ij}]Pr_j - \left(\sum\sum Pr_j U_{ij}\right) \right\} \tag{5-12}$$

$$\text{s. t. } \sum_{j=1}^{m_i} Pr_{ij}U_{ij} \geqslant \sum_{j=1}^{m_i}(Pr_{ij}U_{-ij} + \Delta t_{-i}I_{-ij}), \forall i \tag{5-12.IC}$$

$$\sum_{j=1}^{m_i} Pr_{ij}U_{ij} \geqslant 0, \forall i \tag{5-12.IR}$$

信号预算可行契约可以看成在形式上与分部的多种类型有类似，理论上只要遍取可验证的信号，就可以找到一个所有分部都无法得到租金的最优解。如果要上述约束条件都构成一个紧集，作为条件概率 Pr_{ij} 必须满足 Pr_{ij} 不能全等于 $1/m_i$ 的条件，否则，这样的信号其实不含任何信息。

5.2　内部资本市场的道德风险模型

前面通过内部资本市场逆向选择模型的建立，为内部资本市场的分部设计了一个可行契约，这只是内部资本配置的第一个分析环节，而更关键的内容则涉及对内部资本市场运行的有效激励。此时管理者努力水平的不同和自利行为可能会导致内

部资本市场的失效,因而要考查这一阶段的激励机制设计,机制
设计理论称这一阶段的管理者的自私行为为道德风险。道德风
险来自于契约执行过程中委托代理双方的信息不对称,同时也
由于资本运营过程的风险。

将企业内部资本配置效率置入一个代理框架始自 Jensen
和 Meckling 的研究,他们认为企业管理者由于不完全产权所招
致的代理成本不是基于管理者要付出努力的减少,而更多的是
管理者为了私人利益选择的自利行为。但像多数财务学家对公
司金融的论述一样,他们将这种代理成本分析框架用于财务结
构(资本结构)的分析。他们的分析是从传统的资本结构理论出
发,或者说从外部金融市场的套利出发,缺乏对内部资本管理的
激励机制的设计。

对内部资本配置中的道德风险问题,本节将首先忽略一个
多元化的分部,而将问题集中在总部与某一分部两者之间。考
虑一个由一个总部 H 和某一独立的利润中心(公司分部)间的
利润转移问题。

5.2.1 激励可行利润转移契约

设总部的投资为 I,在我们的基本模型中考虑对投资的转
移利润 z,转移利润取决于分部的赢利水平 V,而利润水平取决
于管理者不同的努力水平 $e \in \{e_0, e_1\}$,令 e_1 表示更高的努力水
平,同时特定的努力水平对应着一个管理负效用 $H(e)$,设管理
者在资本契约中拥有剩余所有权,从而其货币所得为 $V-z$,假
设管理者的货币效用和努力的负效用可分离为:$U=u(V-z)-
H(e), u'>0, u''<0$,在基本模型中考虑资本回报的不确定性取
离散的两个值,$V \in \{v_0, v_1\}, v_1-v_0=\Delta v>0$,努力对于价值的随
机影响表现为概率分布 $Pr(v=v_1 \mid e=e_0)=\pi_0, Pr(v=v_1 \mid e=
e_1)=\pi_1$。由于努力程度的提高,分部投资的价值更高,即 $\pi_1>
\pi_0$。努力程度 e 一阶随机占优于投资价值,这也是总部设计有

效基于转移利润的激励机制的关键所在。$\pi_1 z_1 + (1-\pi_1) z_0 = \pi_0 z_1 + (1-\pi_0) z_0 + (\pi_1 - \pi_0)(z_1 - z_0)$，因而总部是通过激励分部有努力的经营。要使分部有动力选择高水平的努力程度，要有如下的激励约束条件。

$$\pi_1 u(V_1 - z_1) + (1-\pi_1) u(V_0 - z_0) - H(e_1) \geqslant$$
$$\pi_0 u(V_1 - z_1) + (1-\pi_0) u(V_0 - z_0) - H(e_0)$$

同时，如果分部管理者有一个外部的预期效用，还要满足以下的参与约束条件：

$$\pi_1 u(V_1 - z_1) + (1-\pi_1) u(V_0 - z_0) - H(e_1) \geqslant 0$$

在此基础上我们构建内部资本配置的道德风险基本委托—代理模型如下：

定义 5.5 激励可行利润分成契约是指在内部资本市场针对分部道德风险而进行的契约设计，使总部收益最大化的契约变量满足条件式，即式(5-13)和式(5-14)。

与投资项目选择的逆向选择模型相对，图 5-4 的过程反映了激励可行利润分成契约的契约时序。

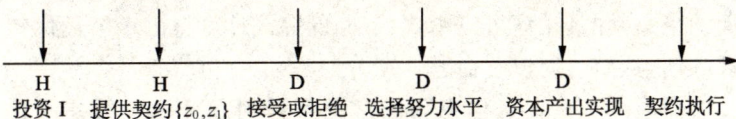

H	H	D	D	D	
投资 I	提供契约$\{z_0, z_1\}$	接受或拒绝	选择努力水平	资本产出实现	契约执行

图 5-4 激励可行利润分成契约的契约时序

5.2.2 完备信息及风险中性的最优契约

上述利润分成契约对应委托人的最优规划问题。

$$\max_{z_0, z_1} \pi_1 z_1 + (1-\pi_1) z_0 - I \tag{5-13}$$

$$\text{s.t.} \quad \begin{aligned} &\pi_1 u(V_1 - z_1) + (1-\pi_1) u(V_0 - z_0) - H(e_1) \geqslant \\ &\pi_0 u(V_1 - z_1) + (1-\pi_0) u(V_0 - z_0) - H(e_0) \end{aligned}$$

$$\tag{5-13. IR}$$

$$\pi_1 u(V_1 - z_1) + (1 - \pi_1) u(V_0 - z_0) - H(e_1) \geqslant 0$$

(5-13. IC)

对激励约束条件而言,一种情况下是具有完备信息,同时如果存在不完备信息时,如果分部管理者对利润分成持风险中性态度,其结果比较近似。

注意到如果是在完备信息下,分部的资本产出最终可由独立的第三方观察或认定,因而努力水平可以观察到,此时分部管理者就会被要求付出高水平的努力,否则将受到惩罚,因而式(5-13. IC1)在这里并不起作用,而且此对(5-13. IC2)的约束而言是有效的。

此时采用拉格朗日法求解,记 λ 为乘子则得:

$$L(z, \lambda) = \pi_1 z_1 + (1 - \pi_1) z_0 - I + \lambda(\pi_1 u(V_1 - z_1) + (1 - \pi_1) u(V_0 - z_0) - H(e_1))$$

对 Z_0 和 Z_1 求 F. O. C 得:

$$\pi_1 - \lambda \pi_1 u'(V_1 - z_1^*) = 0 \text{ 且 } 1 - \pi_1 - \lambda(1 - \pi_1) u'(V_0 - z_0^*) = 0$$

解得:$\lambda = \dfrac{1}{u'(V_1 - z_1^*)} = \dfrac{1}{u'(V_0 - z_0^*)} > 0$,从而 $z_0^* = z_1^*$,因而约束是紧的,从而可以由式(5-2)的等式计算得出一个最优转移利润,从而可得以下命题:

命题 5. 3 **完备信息下的激励可行利润分成契约是刚性的,不随努力水平的改变而改变。**

现在考虑当分部管理者是风险中性时的最优预算机制,此时即便其努力水平不可观察到,但在风险中性的前提下,对此可以进行简化分析,不妨设 $U(t) = t$,则约束式(5-13. IR)和(5-13. IC)可化为:

$$\pi_1(V_1 - z_1) + (1 - \pi_1)(V_0 - z_0) - H(e_1) \geqslant$$
$$\pi_0(V_1 - z_1) + (1 - \pi_0)(V_0 - z_0) - H(e_0)$$
$$\pi_1(V_1 - z_1) + (1 - \pi_1)(V_0 - z_0) - H(e_1) \geqslant 0$$

由于是线性的约束,总部在设计契约时可以使分部不获取任何租金,即两约束都为紧。解由两式构成的等式方程组,得到最优的利润转移契约:

$$z_0^* = \frac{m\pi_1 - n\pi_0}{\pi_1 - \pi_0}, z_1^* = \frac{m(1-\pi_1) - n(1-\pi_1)}{-(\pi_1 - \pi_0)} \quad (5\text{-}14)$$

其中 $m = H(e_0) - \pi_0 V_1 - (1-\pi_0)V_0, n = H(e_1) - \pi_1 V_1 - (1-\pi_1)V_0$。

在分部管理者占尽剩余所有权时,可以对上式作一变换,令 $V_1 - z_1 = t_1$ 且 $V_0 - z_0 = t_0$,同时令表示低水平的努力的负效用为 0。上述优化问题可化为:

$$\max_{z_0, z_1} \pi_1(V_1 - t_1) + (1-\pi_1)(V_0 - t_0) - I \quad (5\text{-}15)$$

$$\text{s.t.} \quad \pi_1 t_1 + (1-\pi_1)t_0 - H(e_1) \geqslant \pi_0 t_1 + (1-\pi_0)t_0 \quad (5\text{-}15.\text{IR})$$

$$\pi_1 t_1 + (1-\pi_1)t_0 - H(e_1) \geqslant 0 \quad (5\text{-}15.\text{IC})$$

在上述变换过程,t 可以理解成总部对分部的转移支付。解得:

$$t_0^* = -\frac{\pi_0}{\pi_1 - \pi_0}H(e_1), \quad t_1^* = \frac{1-\pi_0}{\pi_1 - \pi_0}H(e_1)$$

转化而来的对分部管理者的最优支付转移可以从激励机制来看,作为资本产出决定的利润分成实质上是对管理者的报酬支付,可以看出资本产出量大时,分部管理者受到奖励的正租金为 $\frac{1-\pi_0}{\pi_1 - \pi_0}H(e_1)$,否则分部管理者有负的效用,为 $-\frac{\pi_0}{\pi_1 - \pi_0}H(e_1)$。

命题 5.4 风险中性下的激励可行利润分成契约等同一个管理者激励契约,此时尽管努力不可观察到,但最优的努力仍然可以被实施。

对于命题 5.4,要说明的是,在一个真实的内部资本市场环境下,与分成利润对应的转移支付不一定严格对应着管理者的报酬支付，Sannikov 的动态代理模型中就表明，分部存在一个"私有账户"的情况下，其个人支付与转移支付不一定一致，比如企业的利润留成不一定为管理者所占有。对这一点在后面的动态代理模型中表明，这样的设置不影响最优的激励计划和利润分成契约的执行。

5.2.3　分部管理者风险回避的最优契约

在命题 5.2 下，我们可以对道德风险的激励可行利润分成契约作变换，形成一个如下的管理者激励契约结构：

$$\max_{z_0, z_1} \pi_1 (V_1 - t_1) + (1 - \pi_1)(V_0 - t_0) - I \qquad (5\text{-}16)$$

$$\text{s. t. } \pi_1 u(t_1) + (1 - \pi_1) u(t_0) - H(e_1) \geqslant \pi_0 u(t_1) + (1 - \pi_0) u(t_0)$$
$$(5\text{-}16.\text{IR})$$

$$\pi_1 u(t_1) + (1 - \pi_1) u(t_0) - H(e_1) \geqslant 0 \qquad (5\text{-}16.\text{IC})$$

约束的线性可以使这个道德风险问题也许成为一个凹规划，令为约束条件的 Largalanger 乘子，则构造的 F. O. C 条件为：

$$-\pi_1 + \lambda_1 (\pi_1 - \pi_0) u'(t_1^{SB}) + \lambda_2 \pi_1 u'(t_1^{SB}) = 0$$
$$-(1 - \pi_0) - \lambda_1 (\pi_1 - \pi_0) u'(t_0^{SB}) + \lambda_2 (1 - \pi_0) u'(t_0^{SB}) = 0$$

进一步化简可得：

$$u'(t_1^{SB}) = \frac{\pi_1}{\lambda_1 (\pi_1 - \pi_0) + \lambda_2 \pi_1}$$

$$u'(t_0^{SB}) = \frac{1 - \pi_0}{-\lambda_1 (\pi_1 - \pi_0) + \lambda_2 (1 - \pi_0)}$$

继续合并得：

$$\lambda_2 (1 + \pi_1 - \pi_0) = \frac{\pi_1 (1 - \pi_0)}{(1 - \pi_0) u'(t_1^{SB})} + \frac{\pi_1 (1 - \pi_0)}{\pi_1 u'(t_0^{SB})} > 0$$

将 λ_2 的值代入任何一阶条件可变换并根据 u 的二阶条件为负，可得 $\lambda_1 > 0$。

既然 λ_1，λ_2 都为正，其对应的(IR)(IC)构成紧约束，从而联

立这两个等式构成的四个方程的方程组可以解出：

$$t_0^{SB}=u^{-1}\left(-\frac{\pi_0}{\Delta\pi}H(e_1)\right), t_1^{SB}=u^{-1}\left(\frac{1-\pi_0}{\Delta\pi}H(e_1)\right)$$

显然考查此方程时，由 Jensen 不等式可得：$u[\pi_1 t_1^{SB}+(1-\pi_1)t_0^{SB}]>H(e_1)$，它表明此时总部给分部的管理者有更大的支付，这正是由于对努力水平的观察招致的成本。此时上述的转移支付的逆函数表明：

$$u_1^{SB}=\frac{1-\pi_0}{\Delta\pi}H(e_1), u_0^{SB}=-\frac{\pi_0}{\Delta\pi}H(e_1)$$

$$u_1^{SB}-u_0^{SB}=\frac{H(e_1)}{\Delta\pi}$$

命题 5.5　面对风险回避的分部管理者，与激励可行利润分成契约对应的管理者激励契约相比，要求有一个激励租金，因而超过最优的激励成本 $H(e)$，同时高效率与低效率的效用差为努力程度与努力可成功概率的比值 $H(e_1)/\Delta\pi$。

5.3　内部资本市场的混合代理模型

上述内部资本市场的总部与分部管理者之间的逆向选择和道德风险更多时候是同时发生的，现实背景下，很少只有为解决某一激励问题而制定契约，更为常见的是，总部为了控制分部管理而必须同时解决逆向选择和道德风险问题，或者是自然状态的不可验证性和道德风险，此时，关键问题是知道分部在不同的能力（成本）下会怎样相互作用。

5.3.1　逆向选择与道德风险的混合模型

在单独的逆向选择模型中，总部能够通过掌握相关信息验证分部管理的各种行为，因而可以制定相关的预算和报酬契约，当这一过程存在道德风险时，预算和报酬契约的可契约化的假设不再成立,因此分部管理者有自己可改变的行为,具体说就是分部管理者的道德风险会影响总部与自身的关系,从而获取随机好处。

不妨先考虑总部有一个适当的信息甄别机制,比如产出或资本产出率。此时假设总部以概率 $\pi(e)$ 得到产出 $S_h(B)$,以概率 $1-\pi(e)$ 得到产出 $S_l(B)$,产出函数满足条件:$S_i{}'(B)>0$,$S_i{}''(B)<0$,$S_i{}'(0)=\infty$;道德风险变量 $e\in\{e_L,e_H\}$,分别对应努力的投入成本:$H(eH)$,$H(eL)$,不失一般性,设 $H(eL)=0$,$H(eH)=H$,分部产出以概率 vi 和 $1-vi$ 对应着单位成本 $\Theta=\{\theta_i,\overline{\theta_i}\}$ 的资本管理水平 $\Omega=\{B_i,\overline{B_i}\}$,此时如果有一个信号识别机制,总部可以对 $S_h(B)$,$S_l(B)$ 进行区别,比如国有企业的资产保值增值率、产品质量、客户满意度等信息。其中 q 在纵向一体化的企业集团中如果有一个刚性契约时,此时的效率更应该通过第二个契约标准进行衡量。图 5-5 是这种混合模型的博弈时序。

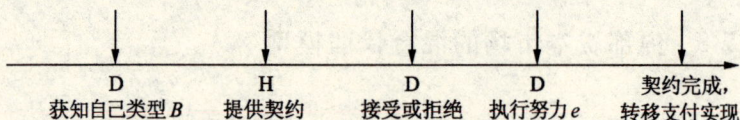

图 5-5 混合模型的博弈时序

在这种情况下,一个有可能的显示机制为一个三元组 $\{t_h(\tilde{B}),t_l(\tilde{B}),\tilde{B}\}_{q\in\Theta}$,在前面的预算逆向选择模型中,我们是以资本预算为契约变量,而在道德风险模型中,我们则关注的是利润分成契约,两类契约都与管理者的激励支付有关,因而我们在混合模型中,将契约变量设为对分部管理者的直接激励 t、预算水平 q 和企业集团的产出效率指标 $c\in\{l,h\}$(严格来讲,契约变量只有报酬支付和产出,而 C 更多地被视为总部所接收的一个信号)。

继续分析不同分部的参与和激励约束,假设分部管理者是风险中性的,则高效率的分部的激励约束为:

$$\pi_e \bar{t}_h + (1-\pi_e)\bar{t}_l - \bar{\theta} \cdot \bar{B} - \mathrm{H}(e) \geqslant$$
$$\max\{\pi_{ei} t_h + (1-\pi_{ei}) t_l - \bar{\theta} \cdot B - \mathrm{H}(e_i)\}, ei \in \{e_L, e_H\}$$

如果以 $\Delta\pi = \pi_e - \pi_{el}$,其道德风险对应的约束条件可表示成

$\bar{t}_h - \bar{t}_l \geqslant \dfrac{\mathrm{H}(e)}{\Delta\pi}$,其参与约束为:

$$\bar{u}_h = \bar{t}_h - \bar{\theta} \cdot \bar{B} \geqslant 0$$
$$\bar{u}_l = \bar{t}_l - \bar{\theta} \cdot \bar{B} \geqslant 0$$

对低效率的分部而言,其激励约束、道德风险和参与约束分别为:

$$\pi_{le} t_h + (1-\pi_{le}) t_l - \theta \cdot B - \mathrm{H}(e) \geqslant$$
$$\max\{\pi_{ei} \bar{t}_h + (1-\pi_{ei}) \bar{t}_l - \theta \cdot \bar{B} - \mathrm{H}(e_i)\}_{ei \in \{e_L, e_H\}}$$
$$t_h - t_l \geqslant \frac{\mathrm{H}(e)}{\Delta\pi}$$
$$u_h = t_h - \theta \cdot B \geqslant 0$$
$$u_l = t_l - \theta \cdot B \geqslant 0$$

此时总部的选择机制便成为:

$$\max\{v[\pi_e(S_h(\bar{B}) - \bar{t}_h) + (1-\pi_e)(S_l(\bar{B}) - \bar{t}_l)] +$$
$$(1-v)[(\pi_{le}(S_h(B) - t_h) + (1-\pi_{le})(S_l(B) - t_l)]\}$$

$$(5-17)$$

在上述所有紧约束中,最终简化成以下四个约束:

$$\pi_e \bar{t}_h + (1-\pi_e)\bar{t}_l - \bar{\theta} \cdot \bar{B} - \mathrm{H}(e) \geqslant$$
$$\max\{\pi_{ei} t_h + (1-\pi_{ei}) t_l - \bar{\theta} \cdot B - \mathrm{H}(e_i)\}_{ei \in \{e_L, e_H\}} \bar{u}_l$$
$$= \bar{t}_l - \bar{\theta} \cdot \bar{B} \geqslant 0$$
$$u_l = t_l - \theta \cdot B \geqslant 0$$
$$\bar{t}_h - \bar{t}_l \geqslant \frac{\mathrm{H}(e)}{\Delta\pi}$$

将上述三个紧约束对应的等式同时代入下面高效率分部而言的激励约束：

$$\pi_e \bar{t}_h + (1-\pi_e)\bar{t}_l - \bar{\theta} \cdot \overline{B} - \mathrm{H}(e) \geqslant \max\{\pi_{ei}t_h + (1-\pi_{ei})t_l - \bar{\theta} \cdot B - \mathrm{H}(e_i)\}_{ei \in \{e_L, e_H\}}$$

化简得到的信息租金分别为：

$$\overline{U} = \Delta\theta \cdot B + \frac{\pi_{el}\mathrm{H}(e)}{\Delta\pi} \text{和} \underline{U} = \frac{\pi_{el}\mathrm{H}(e)}{\Delta\pi}$$

同时将上述四个紧约束代入目标函数，并对其求 F. O. C 得：

$$\pi_e S_h{}'(\overline{B}^{SB}) + (1-\pi_e)S_l{}'(\overline{B}^{SB}) = \theta$$

从而得：

$$\pi_e S_h{}'(\overline{B}^{SB}) + (1-\pi_e)S_l{}'(\overline{B}^{SB})$$
$$= \pi_e S_h{}'(\overline{B}^*) + (1-\pi_e)S_l{}'(\overline{B}^*)$$
$$= \theta$$

因而高能力的分部管理者的预算水平没有扭曲。而低效率的预算水平则为：$\pi_{el}S_h{}'(B^{SB}) + (1-\pi_{el})S_l{}'(B^{SB}) = \theta + \frac{v}{1-v}\Delta\theta$，由于 S 函数的凹性，因而 $B^{SB} < B^*$，从而得出以下命题。

命题 5.6 **存在逆向选择和道德风险时，对高能力的分部而言，存在一个契约设计使其资本预算不受扭曲，但其信息租金是逆向选择和道德风险的租金之和，而对低效率分部而言，则存在预算水平的扭曲。**

5.3.2 重复的逆向选择模型

Laffont 建立了一个类型完全相关和风险中性的重复逆向选择模型，其结果表明对于不同期完全相关的类型和风险中性的代理人，当代理人能够完全承诺时，两期模型的长期契约是单期简单契约的简单重复，其单期结果与命题 5.2 一致。但在类型独立或相关性的情况下，前期的契约结果会影响后一期的契约行为。我们将讨论放置在一个费用预算的分析框架下，并且将问题限定在总部 H 与独立的分部 D_1 之间的契约结构上。因为如图 5-1 所示，不同分部的信息不对称都可类似转化为同一分部拥有不同的信息结构。

假设对 D_1 在第一阶段的某一经营行为的单位费用为 $\overline{C_1}$，$\underline{C_1}$ 且 $(\underline{C_1} < \overline{C_1})$（它可以理解为对应效率的高低），其对应的概率为 v_1 和 $1 - v_1$，在第二阶段对应 r 费用率为 $\overline{C_2}$，同样规定 $\underline{C_2} < \overline{C_2}$。在后面的分析中，我们用到两种情况的概率的比较，我们首先引入下面的定义。

定义 5.6　多期成本相关性是指在多期情况下，对某分部而言，高效率的概率大于低效率的概率。

根据这一定义，上述概率可表示成 $v_1 > 1 - v_1$，在第二期时根据定义的成本相关性其内容是指：$v_2(\overline{C_2}) > v_2(\underline{C_2})$。

$\forall (C_1, C_2) \in \Theta^2$ 存在对应契约结构 $\{(t_1^i(\widetilde{C_1}), B_1(\widetilde{C_1})); (t_2^i(\widetilde{C_2}), B_2(\widetilde{C_2}))\}$，其中 B 表示预算，t 则是对应经营效率的预算报酬。

在这种两期的契约结构中，我们假定第一阶段的效率信息 C_1 作为可验证信号可以用于改进第二期的契约结构。即总部根据第一阶段的报告 $\widetilde{C_1}$，存在为不同分部选择不同预算的契约考虑。

先考虑第二阶段的分部的参与约束为：$\forall \widetilde{C_1} \in \Theta, U_2(\widetilde{C_1}) \geq 0$。

引理 5.1　在不存在道德风险的情况下，根据前一期的预算成本信息，为高效率的分部选择一个低的预算水平不是帕累托最优选择。

证明：设第二期的预算水平分别为：$\underline{B_2}(\widetilde{C_1^i})$ 和 $B_2(\widetilde{C_1^i})$[①]，

---

① 实际上这种预算水平的选择也体现了一种分析思路，如果总部采取一种加强约束的目的，也可以反过来，对低效率的选择高预算，为高效率的选择低预算，以示惩罚。但我们在这里采用前一种思路是因为这一阶段没有考虑道德风险问题，因而预算是对预算费用的"合理"调整，但我们随之要证明这种契约不符合显示原理。

满足第二阶段的信息租金为：

$$\underline{U}_2(\widetilde{C}_1^i) = \underline{t}_2(\widetilde{C}_1^i) - \underline{C}_2 \cdot \underline{B}_2(\widetilde{C}_1^i) \text{ 及}$$
$$U_2(\widetilde{C}_1^i) = t_2(\widetilde{C}_1^i) - C_2 \cdot B_2(\widetilde{C}_1^i) \text{①}$$

同时要让第二阶段的分部管理者报告真实的 C，则要求的激励约束是：

对 $\forall \widetilde{C}_1^i \in \Theta$：

$$U_2(\widetilde{C}_1^i) \geqslant \underline{U}_2(\widetilde{C}_1^i) + \Delta C_2 \cdot \underline{B}_2(\widetilde{C}_1^i)$$
$$\underline{U}_2(\widetilde{C}_1^i) \geqslant U_2(\widetilde{C}_1^i) - \Delta C_2 \cdot B_2(\widetilde{C}_1^i)$$

将此两式相加得：对 $\forall \widetilde{C}_1^i \in \Theta$ $B_2(\widetilde{C}_1^i) \geqslant \underline{B}_2(\widetilde{C}_1^i)$，即第二阶段的契约结构中，高效率（低成本）的预算比低效率的要多，这种第二期的预算契约作为多期契约的一个特殊点，因而其他阶段依然成立，引理得证。

下面继续考虑总部的最优解对应的规划问题，可表示成为

$$\max\{v_2(\widetilde{C}_1)[S(B_2(\widetilde{C}_1)) - C_2 B_2(\widetilde{C}_1) - U_2(\widetilde{C}_1)] +$$
$$(1 - v_2(\widetilde{C}_1))[S(\underline{B}_2(\widetilde{C}_1)) - \underline{C}_2 \underline{B}_2(\widetilde{C}_1) - \underline{U}_2(\widetilde{C}_1)]\}$$

$$(5\text{-}18)$$

s. t. 对 $\forall \widetilde{C}_1^i \in \Theta$，有：

$$\underline{U}_2(\widetilde{C}_1^i) \geqslant 0 \qquad (5\text{-}18.\text{IR1})$$
$$U_2(\widetilde{C}_1^i) \geqslant 0 \qquad (5\text{-}18.\text{IR2})$$
$$U_2(\widetilde{C}_1^i) \geqslant \underline{U}_2(\widetilde{C}_1^i) + \Delta C_2 \cdot \underline{B}_2(\widetilde{C}_1^i) \qquad (5\text{-}18.\text{IC1})$$
$$\underline{U}_2(\widetilde{C}_1^i) \geqslant U_2(\widetilde{C}_1^i) - \Delta C_2 \cdot B_2(\widetilde{C}_1^i) \qquad (5\text{-}18,\text{IC2})$$

式（5-18. IR2）和式（5-18. IC2）是紧约束，将 $U_2(\widetilde{C}_1^i) = \underline{U}_2(\widetilde{C}_1^i) + \Delta C_2 \cdot \underline{B}_2(\widetilde{C}_1^i)$ 和 $\underline{U}_2(\widetilde{C}_1^i) = 0$ 代入总部的预算总价值方程，可得：

---

① 在 Laffont 对第二期的一个代理模型设计中，采用的是第一期的成本调整因子，笔者认为这样设定不很妥当，因为第一期的信息的可验证性主要影响第二期预算，同时改变的主要是契约的支付变量。

$$V_2(\widetilde{C}_1, B_2(\widetilde{C}_1), \underline{B}_2(\widetilde{C}_1)) =$$
$$\{v_2(\widetilde{C}_1)[S(B_2(\widetilde{C}_1)) - C_2 B_2(\widetilde{C}_1^i) - \Delta C_2 \cdot \underline{B}_2(\widetilde{C}_1^i)] +$$
$$(1 - v_2(\widetilde{C}_1))[S(\underline{B}_2(\widetilde{C}_1)) - \underline{C}_2 \underline{B}_2(\widetilde{C}_1^i)]\}$$

此时对某一预算分部而言,由于其第一阶段报告成本信息 $\widetilde{C}_1^i$ 会被总部所利用,用于第二阶段(对多阶段而言,是该阶段的后一阶段)的契约设计,因而只有当下列跨期的约束满足时,高效率分部管理者才会报告自己的真实预算信息(以 r 表示折现率)。

$$t_1 - C_1 B_1 + r \cdot v_2 \cdot (C_2)\Delta C_2 \cdot B_2(C_1) \geqslant$$
$$t_1 - \underline{C}_1 \underline{B}_1 + \Delta C_1 \underline{B}_1(\underline{C}_1) + r \cdot v_2(C_2)\Delta C_2 \cdot \underline{B}_2(C_1)$$

或可表示成为:

$$U_1 + r \cdot v_2 \cdot (C_2)\Delta C_2 \cdot B_2(C_1) \geqslant$$
$$\underline{U}_1 + \Delta C_1 \underline{B}_1(\underline{C}_1) + r \cdot v_2(C_2)\Delta C_2 \cdot \underline{B}_2(\underline{C}_1) \quad (5\text{-}19)$$

同样,低效率的人如实报告在第一阶段的真实预算成本的约束条件是:

$$\underline{U}_1 + r \cdot v_2 \cdot (\underline{C}_2)\Delta C_2 \cdot \underline{B}_2(\underline{C}_1) \geqslant$$
$$U_1 - \Delta C_1 B_1(C_1) + r \cdot v_2(\underline{C}_2)\Delta C_2 \cdot B_2(C_1) \quad (5\text{-}20)$$

对上述两个真实报告的约束条件相加并化简则得:

$$B - B_1 + r(v_2(C_2) - v_2(\underline{C}_2))(B_2(C_1) - \underline{B}_2(\underline{C}_1)) > 0 \quad (5\text{-}21)$$

此时根据引理 5.1 及成本相关性的定义,在约束式(5-19)的情况下,根据这个不等的定义,可以证明这个约束是成立的,这就蕴含着式(5-20)是可以忽略的约束。由此可得以下引理:

引理 5.2 两阶段的预算费用安排中,如果预算对应着一定的产出,此时的契约目标函数的约束条件为:

$$\underline{U}_1 \geqslant 0 \quad (5\text{-}22)$$
$$U_1 + r \cdot v_2 \cdot (C_2)\Delta C_2 \cdot B_2(C_1) \geqslant \underline{U}_1 +$$
$$\Delta C_1 \underline{B}_1(\underline{C}_1) + r \cdot v_2(C_2)\Delta C_2 \cdot \underline{B}_2(\underline{C}_1) \quad (5\text{-}23)$$

对此规划问题的求解也是按两阶段分别求解,得出以下命题:

命题 5.7 两阶段的内部资本市场预算代理模型的最优契约满足以下特点：

（1）对高效率的分部而言，其预算存在最优值 $\underline{B}_1^{SB} = \underline{B}_2^{SB}(C) = \underline{B}_2^{SB}(\underline{C}) = B^*$。

（2）对低效率的分部而言，第一期的预算满足：$S'(B_1^{SB}) = \underline{C} + \dfrac{v_1}{1-v_1}\Delta C$，对第二期而言：$S'\left(B_2^{SB}(C)\right) = \underline{C} + \left(\dfrac{v_2(C_2)}{1-v_2(C_2)}\right) + \dfrac{v_1 v_2(C_2)}{(1-v_1)(1-v_2(C_2))}\Delta C$。

（3）分部总信息租金为 $U = \Delta C[(v_1)B_1^{SB} + r \cdot (v_1 v_2(C) + (1-v_1)v_2(C_2)B_2^{SB}(\underline{C})]$。

5.3.3 重复的道德风险模型

在多阶段的道德风险模型中，我们如同多阶段的逆向选择模型一样，将代理设定在总部与分部间，此时对风险回避的分部而言，不同期的效用间存在折现，其决策时主要考虑的是跨时期的效用为：$U = u(t_1) - H(e_1) + r \cdot (u(t_2) - H(e_2)$，其中的契约变量 t，H 分别为转移支付和努力的负效用。不妨简化其努力分别为 $e \in \{0,1\}$ 且 $H(0) = 0$，$H(1) = \phi$，不同努力水平的资本算出为 $\Pr(\overline{B}) = \pi(e_i)$ 或 $\Pr(\underline{B}) = 1 - \pi(e_i)$，由于只存在两种努力水平，我们设 $\Pr(\overline{B}) = \pi(e_i)$ 或 $\Pr(\underline{B}) = 1 - \pi(e_i)$。同时假设资本预算数是随机的，或者项目投资机会的价值在不同时间内是独立的，但在考虑转移支付 t 时，t_n 与 t_{n-1} 存在相关性，更进一步说是与过去的预算总量有关的。两阶段下的道德风险模型博弈时序如图 5-6 所示。

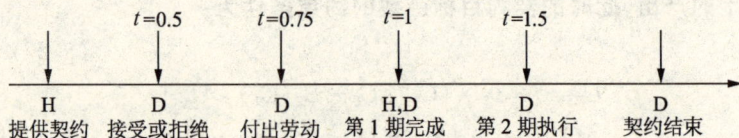

图 5-6 两阶段下的道德风险模型博弈时序

在这里由于契约的两期性质,我们将中间的规定为非整数时段,此时对分部而言,由于前后期的效用有互补性,因而是以加总的效用作为其参与约束与激励约束的。而对两阶段的道德风险的模型,关键的契约变量转移支付(报酬)则构成一个两期的向量结构,其结构为:$\underline{t}^\theta = \{t_1(\tilde{B}_1), t_2(\tilde{B}_1, \tilde{B}_2)\}$,同时总部的收益如同前面的逆向选择模型一样,考虑的是多期折现值:$V = S(B_1) - t_1 + r \cdot [S(B_2) - t_2]$。我们构建契约的目的是为了促使管理者付出更高的努力,以便对契约规定的资本预算进行有效的管理,在构建目标函数时,总部总是希望激励出分部管理者的最大努力程度(即:$e1 = e2 = 1$),这样分部管理者的收益过程可以如图 5-7 所示。

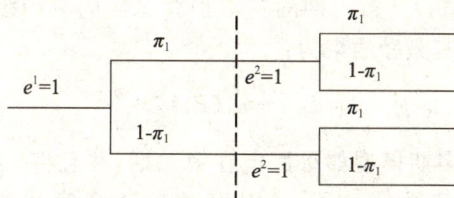

图 5-7 分部管理者的收益过程

因而它可以表示成如下的描述总部的收益最大化规划函数形式:

$$V = \max \pi_1 \{S_1 - t_1^1 + r \cdot [\pi_1(S_1 - t_1^2(B_1)] + (1 - \pi_1)[S_0 - t_0^2(B_1)]] + (1 - \pi_1)[S_0 - t_0^1 + r \cdot [\pi_1(S_1 - t_1^2(B_0)) + (1 - \pi_1)[S_0 - t_0^2(B_0)]]\}$$

$$(5-24)$$

其中上标表示的是期数,这一规划的约束条件一般说来是满足上面单期的分部管理者的激励约束和参与约束条件的扩充。对分部管理者而言,其跨时期的参与约束为:

$$\pi_1\{u_1^1+r\cdot[\pi_1u_1^2(B_1)+(1-\pi_1)u_0^2(B_1)]\}+(1-\pi_1)$$
$$\{u_0^1+r\cdot[\pi_1u_1^2(B_0)+(1-\pi_1)u_0^2(B_0)]\}-(1+r)\varphi\geqslant0$$
$$(5\text{-}25)$$

但在分析激励约束条件对激励的作用时,我们发现对分部管理者而言,此时如果将二期作共同约束,则要将努力水平 $\{1,1\}$ 与 $\{0,0\}$、$\{0,1\}$ 和 $\{1,0\}$ 三种情况进行对比以确定一个规划最优。此时不妨先考虑第二阶段的激励约束,再考虑前向第一期的激励约束,这是一个 Stagberg 博弈过程,此阶段参与约束是:

$$\pi_1u_1^2(B_1)+(1-\pi_1)u_0^2(B_1)-\varphi\geqslant u^2(B_1) \qquad (5\text{-}26)$$

不等式约束的右边表示分部在第二期期望一个额外的效用。事实上,这也是多期资本预算的一个关键环节。第二阶段的激励约束直接与第一期的资本预算总额的契约结构有关,根据命题 5.5,其激励约束为:

$$u_1^2(B_1)-u_0^2(B_1)\geqslant\frac{\varphi}{\Delta\pi} \qquad (5\text{-}27)$$

上述的多期模型如果固定在第二期,并且将 t 看成是效用函数 u 的逆函数 $t=h(u)$,因而单独考虑第二阶段的规划 $\max\pi_1(S_1-t_1^2(B_1))+(1-\pi_1)(S_0-t_0^2(B_1))$ 可转化成:

$$\max\pi_1(S_1-h(u_1^2(B_1)))+(1-\pi_1)(S_0-h(u_0^2(B_1)))$$

s. t. 式(5-26)和式(5-27)。

对此规划问题进行求解,发现它同单期道德风险模型很相似,根据其相同的分析方法,知约束条件也是紧的,从而推得:

$$u_1^2(B_1)=\varphi+u^2(B_1)+\frac{(1-\pi_1)\varphi}{\Delta\pi},u_0^2(B_1)=\varphi+u^2(B_1)-\frac{\pi_1\varphi}{\Delta\pi}$$

将求得的 $u_1^2(B_1)$,$u_0^2(B_1)$ 代入目标函数:

$$V=\max\pi_1\left(S_1-h\left(\varphi+u^2(B_1)+\frac{(1-\pi_1)\varphi}{\Delta\pi}\right)\right)+$$
$$(1-\pi_1)\left(S_0-h\left(\varphi+u^2(B_1)-\frac{\pi_1\varphi}{\Delta\pi}\right)\right)$$

如果记：

$$C_{SB}^2 = \pi_1 \cdot h\left(\varphi + u^2(B_1) + \frac{(1-\pi_1)\varphi}{\Delta\pi}\right) +$$

$$(1-\pi_1) \cdot h\left(\varphi + u^2(B_1) - \frac{\pi_1\varphi}{\Delta\pi}\right)$$

$$R_{SB}^2 = \pi_1 S_1 + (1-\pi_1) S_0$$

则 $V = \max(R_{SB}^2 - C_{SB}^2)$，而且都是 $u^2(B_1)$ 的函数。其

F. O. C 为 $\frac{\partial V}{\partial u} = -\frac{\partial C_{SB}}{\partial u}$ 可解得第二阶段的次优的总部回报：

$V_{SB}^2(u^2(B1))$。在此基础上解第一阶段的预算契约的优化

问题：

$$V^1 = \max \pi_1(S_1 - h(u_1^1(B_1))) + (1-\pi_1)(S_0 - h(u_0^1(B_1))) +$$

$$r \cdot (\pi_1 V_{SB}^2(u^2(B_1))) + (1-\pi_1)V_{SB}^2(u^2(B_0))) \quad (5\text{-}28)$$

$$\text{s. t. :} u_1^1 + r \cdot u^2(B_1) - (u_0^1 + r \cdot u^2(B_0)) \geqslant \frac{\varphi}{\Delta\pi}$$

$$(5\text{-}28. \text{IR})$$

$$\pi_1(u_1^1 + r \cdot u^2(B_1)) + (1-\pi_1)(u_0^1 + r \cdot u^2(B_0)) \geqslant \varphi$$

$$(5\text{-}28. \text{IC})$$

设 λ_1, λ_2 分别是两个约束的拉格朗日乘子，则得拉氏函

数为：

$$L = \pi_1\{S_1 - h[u_1^1(B_1)]\} + (1-\pi_1)\{S_0 - h[u_0^1(B_1)]\} +$$

$$r \cdot \{\pi_1 V_{SB}^2[u^2(B_1)]\} + (1-\pi_1)V_{SB}^2[u^2(B_0)] +$$

$$\lambda_1\left[u_1^1 + r \cdot u^2(B_1) - (u_0^1 + r \cdot u^2(B_0)) - \frac{\varphi}{\Delta\pi}\right] +$$

$$\lambda_2\{\pi_1[u_1^1 + r \cdot u^2(B_1)] + (1-\pi_1)[u_0^1 + r \cdot u^2(B_0)] - \varphi\}$$

$$(5\text{-}29)$$

我们采用两步求导法，首先，分别对 u_0^1, u_1^1 求导得：

$$\frac{\partial L}{\partial u_1^1} = -\pi_1 h'[u_1^2(B_1)] + \lambda_1 + \lambda_2\pi_1 = 0 \quad (5\text{-}30)$$

157

$$\frac{\partial L}{\partial u_0^1}=-(1-\pi_1)h'[u_0^2(B_1)]-\lambda_1+\lambda_2(1-\pi_1)=0 \quad (5\text{-}31)$$

可以解其拉氏的计算公式：

$$\lambda_1=\pi_1(1-\pi_1)\{h'[u_1^2(B_1)]-h'[u_0^2(B_1)]\}$$

$$\lambda_2=\pi_1h'[u_1^2(B_1)]+(1-\pi_1)h'[u_0^2(B_1)]>0$$

然后为比较第一期与第二期的效用的差别,我们分别对其求导得：

$$\frac{\partial L}{\partial u_1^2}=-r\cdot\pi_1C_{SB'}^2[u_1^2(B_1)]+r(\lambda_1+\lambda_2\pi_1)=0 \quad (5\text{-}32)$$

$$\frac{\partial L}{\partial u_0^2}=-r\cdot(1-\pi_1)C_{SB'}^2[u_1^2(B_0)]+r[-\lambda_1+\lambda_2(1-\pi_1)]=0$$

$$(5\text{-}33)$$

比较式(5-32)与式(5-33)可得：

$$h'(u_1^1(B_0))=C_{SB'}^2[u_{SB}^2(B_1)]$$
$$=\pi_1\cdot h'[u_{SB}^2(B_1)]+(1-\pi_1)h'[u_{SB}^2(B_1)]$$

$$(5\text{-}34)$$

同时比较式(5-31)与式(5-33)可得：

$$h'(u_0^1(B_0))=C_{SB'}^2[u_{SB}^2(B_0)]$$
$$=\pi_1\cdot h'[u_{SB}^2(B_0)]+(1-\pi_1)h'[u_{SB}^2(B_0)]$$

$$(5\text{-}35)$$

式(5-34)和式(5-35)表明,第一期的效用与第二期具有期望等值性(即鞅性),它也表明总部在与分部管理者构建多期预算契约时,总部要合理安排多期的激励手段,不能过分提高某一阶段的激励效果,否则最优激励不可能实现。对于这种鞅性,Laffont也通过分析上述式(5-34)所体现不同期的效用结构,将其定义为记忆性。

上面的一系列推导也可以延续到多期,如果明确其中前一阶段与下阶段间的一个紧密联系是前期预算及其对应的效用,从而得出如下命题。

命题 5.8 多阶段的内部资本市场预算契约表现为鞅性质。即满足下述等式：

$$h(u_1^n(\tilde{B})) = E(h(u_{SB}^{n+1}(\tilde{B}))) \text{ 或 } \tilde{t}^n = E(\tilde{t}^{n+1})$$

这种鞅性质的资本预算特点也成为后续实证研究的重要假说基础，尽管激励契约和预算额度在变动，但总体看来，资本预算在一年度（或某一周期内）的支出是均衡的。

5.4 小结

本章为分析内部资本市场的配置行为，将 Lamont 的委托代理的激励理论用于对内部资本市场的预算激励的契约设计方面的应用和建模。从逆向选择和道德风险两个基本的委托代理分析框架出发，建立了内部资本市场资本预算的几种委托代理模型。本章的系列模型中首先分析了总部与分部在资本预算存在事前信息不对称的情况下，研究了最优化资本预算总量和转移支付（分部管理的报酬）。其次，本章对内部资本市场配置过程中的道德风险行为进行了研究，针对风险中性和风险回避的分部管理者，对利润转移（分配）和管理者激励作了模型描述。其结果表明存在道德风险时总部在设计预算契约时，必须要提供一个额外的激励信息租金。接着，在这两个分析基础上，进一步研究了内部资本市场中同时存在逆向选择和道德风险时的最优契约设计，本章称之为混合模型的第一种，模型初步表明，此时的预算信息租金是逆向选择和道德风险的租金之和。最后，为更合理地描述内部资本市场的资本配置行为，将内部资本市场的资本预算放置在一个多期情况下，对重复的逆向选择和道德风险进行分析，其结果表明在多期情况下，对风险中性和风险回避的分部而言，信息租金都存在一定的记忆性和鞅性。

本章针对性的研究在于,针对目前学术界对内部资本市场价值机制的含混,本书界定了内部资本市场的预算租金的核心概念,在第 3 章中我们在界定内部资本市场效率时将其定义为对投资机会的把握;而本章建立的预算租金概念及其分析模型则更深入地从经济学角度分析内部资本市场效率的来源,系列命题也存在共同的逻辑:内部资本市场效率来自对管理者(寻租)行为的控制和最优(或次优)的契约设计。命题 5.1~5.6 所建立的逆向选择和道德风险的资本预算模型的契约结构表明,内部资本市场中资本预算尽管存在信息结构和管理者效率的不同,但依然能通过委托代理模型中的显示原理,建立有效的治理和控制机制,而这需要有效的信号识别机制、风险控制和对管理者风险态度的权衡,这与本书第 3 章所建立的治理框架相一致。而命题 5.7~5.8 的结论使资本预算的理论模型具有一定的实证意义,该命题表明:一个最优激励的资本预算其对应的信息租金具有鞅性,这种多期资本预算和激励契约的稳定性表明企业的资本预算在一个特定的投资周期中存在平稳性,否则就可能是由于代理问题的存在。因而下一章的实证检验将着重检验与分析中国上市公司资本预算是否存在着平稳性的特点。

第6章 内部资本市场效率的实证检验

本书在第 3 章中定义了内部资本市场效率在于是否能充分利用投资机会,即内部资本市场效率体现在投资与投资机会敏感上。而能否充分利用投资机会,其中的关键之一涉及如何解决融资约束和代理冲突问题。在第 4 章中我们建立了企业的动态投资模型表明其投资与融资约束及代理成本理论模型和实证模型,进一步研究了存在融资约束时的投资优化的理论模型,同时也指出围绕投资—现金流存在两种实证检验途径:Lamont 检验方法和 FHP 检验方法,后者是前者的基础,而且当多元化企业的分部数据不是很完整时,这种方法更为有效。在第 5 章对代理问题的模型中,尽管激励性分部利润转移的实证由于缺乏数据基础,难以全面的检验,但其结论中所体现出的资本预算的鞍性(即资本预算存在的特殊的平稳性)为我们提供了一种特定的代理成本检验方法。本章的实证研究正是在前述理论的支持下,基于 FHP 法对中国上市公司内部资本市场的运行效率进行检验,其检验由两部分组成:融资约束和代理成本。

6.1 文献回顾与研究假说

融资约束理论是自 Modimianli 和 Miller 以来现代资本结构理论在企业投资理论领域的实证表述。融资约束(或流动性约束)对投资行为的影响是基于不完美资本市场假设,在这之前,与其最为相关的财务理论基础是资本结构的融资优序理论（Pecking order）,在 Myers 看来,由于信息不对称和代理问题的存在,企业存在一个最优融资渠道的顺序安排。而融资优序理论的实证有一个特点:围绕融资优序理论及其假设的实证检验的重点是资本结构与企业价值的关系,而很少研究资本结构对投资效率的影响。由于不同融资渠道的资本成本不一样,该理论阐述更多的是公司在各种融资方式中的替代效应,而投资行为与融资方式无关。前述研究内部资本市场效率时的研究表明在不完美资本市场下的企业投资与其财务结构密切相关。Gernter 等将由 Williamson 建立的内部资本市场研究框架重新提起,并将其功能定义为"融资受约束下的资本支出项目择优",但随后的理论研究却将其围绕"项目择优"以改进资本预算选择方法,而对融资约束这个基本前提则没有深入分析。新古典的 Q 企业投资理论在 20 世纪 90 年代前后被公司财务理论重视,而在此之前,受 MM 的影响,公司财务的研究围绕财务（资本）结构决策在不完美资本市场下对价值（或收益）的影响而非投资决策的影响,基于 Lyland 和 Pyle 的信号模型主要采用事件研究法以关注财务结构和融资行为对收益的影响。Fama 和 French 也还是试图不断修正收益率模型。就新古典 Q 投资理论的核心检验模型——投资与融资约束的敏感度而言,实际上在此之前,财务学已经以两种不同方式解释其动因。一方面,Myers 和 Majluf 的信息不对称模型认为:资本市场中信息不对称的存在会导致公司面临融资约束,从而致使投资支出可能对现金流的变动比较敏感,随后 Myers 却是基于此去构建他的融资优序的理论;另一方面,Jensen 建立自由现金流量假说的代理成本模型试图证明,融资约束对应的财务变量（现金流的存量）本身是代理成本的来源,并试图在这种分析方式上构建他的公司控制权市场理论。两种主流的公司财务理论都没有对投资—现金流关系进行深入研究，直到 Fazzari，Hubbard，and Petersen 从财务角度修正 Q 投资理论时，才把投资—现金流敏感性实证模型引入主流，在 FHP 看来，就投资行为本身而言，由于它受企业利润结构、组织特征、市场战略和行业竞争等多重因素的影响，简单的 Q 并不能完全表明这些因素，有必要引入类似 Myers 的融资约束来修正不能被 Q 解释的其他影响投资行为的诸多因素。

上述 Myers 的不对称理论、Jensen 的代理理论和 FHP 的修正 Q 理论都曾出现过基于 Q 投资理论建立起的投资—现金流关系实证模型，虽然它们在结构上极为类似，都在 Q 值之外引入了一个现金流（或类似）的财务变量，但很显然三种模型解释目的不同：就现金流与投资的敏感性方面，它既可以理解为对 Q 值的修正，也可以解释为是资本市场信息不对称的影响结果，同时也可能是企业内部代理问题的表现。因此对投资与现金流敏感性出现不同的解释甚至完全相反的结论也就不难理解。Kaplan 和 Zingales 质疑 FHP 的合理性，他们将 FHP 选用的制造业样本中融资约束最严重的 49 家公司进一步划分为三个子样本组进行分析，但却得到了与 FHP 完全相反的结果：融资约束轻的公司反而表现出更为强烈的现金流敏感性。Cleary 基于类似的样本研究，则认为 KZ 与 FHP 的争论来自于他们的解释方式不合理，应该用 Jensen 的自由现金流假说来解释。

对投资与现金流敏感性的原因的争议同样也存在于对中国上市公司的研究，尽管多数研究都表明中国上市公司投资对现金流有高的敏感度，但就其原因而言，冯巍发现中国上市公司的投资—现金流敏感性仅存在于低股利公司中，从而根据 FHP 的分析方法认为这是由于信息不对称所造成的融资约束。何金耿和丁加华基于 Vogt 模型的动因检验却表明，中国上市公司的投资—现金流敏感性则主要源于代理成本。连玉君和程建试图对融资约束与代理成本按中国上市公司的特性进行区别,其结果表明融资约束轻的公司代理问题比较严重,而融资约束较重的公司投资与现金流敏感性主要是由于信息不对称问题造成,但这些研究同国外相关研究的争论的起源一样,对代理成本的来源和信息不对称的影响方式并没有深入分析,因而其结果的解释力同样有限。

不管是以何种方式解释投资—现金流敏感性,首先要注意这样一个事实,即在托宾 Q 投资理论中的 Q 值是边际 Q,而在实证研究中将平均 Q 代替边际 Q 时,是有着特定的条件:必须要假设企业的生产函数和融资结构的调整成本有特定的形式。Hayashi 证明了当利润是投资的线性函数且资本调整成本是二次函数时,此时的边际 Q 与平均 Q 才会一致。因此在一般意义上,平均 Q 并不能完全作为企业投资机会的一个度量。Erickson 和 Whited 针对美国上市公司的研究表明,若合理控制托宾 Q 衡量偏误,现金流对投资支出并不具有显著影响,这可以理解为对 FHP 的一个补证,国内研究中,连玉君和程建也试图建立一个修正的 Q 代理变量。

另一方面,这些实证研究表明,解释投资与现金流敏感性时,必须结合企业特性,一个重要方面是关注组织结构对资本支出行为的影响,其中包括作为企业内部融资渠道来源的内部资本市场。自 Gertner,Scharfstein 和 Stein 基于委托代理理论重新解释 Williamson 内部资本市场理论后。GSS 对内部资本市场在多元化、兼并和收购等方面的折价效应随后得到了验证。这些研究在 20 世纪 90 年代盛极一时,但对多元化的折价原因的解释方面并不一致,从多元化角度解释内部资本市场是一个可行的途径,但这一过程中应该重视企业治理结构和管理者资本支出行为的特点,内部资本市场的结构决定其资本配置过程的决策行为,这应该成为内部资本市场代理问题分析的关键。

因而本章针对中国上市公司内部资本市场的存在,试图围绕以下几个研究假说进行检验。

假说 1:中国上市公司通过多元化经营形成的内部资本市场能通过对融资约束的缓解提高企业经营业绩。

假说 2:中国上市公司通过多元化经营形成的内部资本市场能通过对融资约束的缓解和控制代理成本能提高短期业绩,但由于代理成本的存在,会导致长期业绩的降低。

假说 3:中国上市公司通过多元化经营形成的内部资本市场通过对融资约束和代理成本的控制能提高内部资本市场的效率。

而就与前述章节的理论研究的关系而言,上述综述也与前述理论研究相对应,图 6-1 总结了前述理论研究与本章研究假说的关系①。

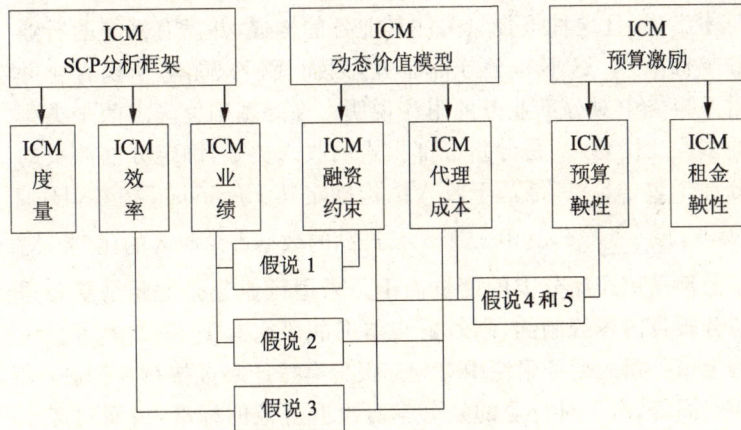

图 6-1　本书理论研究与实证研究的关系

① 其中的假说 4 和假说 5 在本章第三部分的代理成本实证中给出。而预算激励一部分的实证检验,由于数据的缺乏,本书对此部分的实证假说没有给出。这一点在本书后面的研究局限中将进一步指出。

6.2　研究设计

6.2.1　变量定义

（1）内部资本市场范围的度量指标

内部资本市场范围的度量与多元化的度量有关,后者的研究是基于分部报告数据,美国《财务会计准则》第 14 号和证券交易委员会(SEC)条例 S－K(自 1976 年起生效)规定,资产、销售收入或净利润占公司总资产、总收入或总利润 10％以上的经营单元必须每年向公众提供详细的财务状况说明,针对同时对分部经营所从事的不同行为,美国劳工部也制定了规范的行业分类标准(SIC),此时其建立的 Compustat 行业分部数据库,对 2 位数和 4 位数 SIC 的分部详细报告。但我国分部报告在 1998 年才出现,且这种报告只关注其业务的构成,并没有系统的行业分类标准①。这不利于分部研究,因而我们只能基于现有合并财务报告中对分部业务的附注说明。在此基础上确定两个类型的多元化度量:一是分析分部报告的收入类别,确定分部涉及的分部个数(M);二是基于收入结构确定其 Herfindahl 指数(HI):

$$HI = 1 - \sum s_j{}^2$$,其中 s_j 表示某产品的数据占总收入的比例。对于分部采用产品分类的度量而不是采用行业分类主要是受公司财务报告内容的制约,同时也与本书的研究有关:一方面尽管我国上市公司的财务附注中对分部报告有按产品或按行业两种,但相对而言,由于对行业的划分本身没有规范的标准,因而对产品的分类相对更准确。另一方面本书的研究中尽管将多元化的产出作为一个内部资本市场的一个度量,但多元化是针对行业分布

---

① 我国 2007 年的《企业会计准则第 35 号》就没有按行业报告的要求,规定只按业务和地区分部报告即可。

而言的,一般说来,内部资本市场更强调产品结构,一般说来不同产品具有不同的生产单元,即便是处于同一行业的不同大类产品也更有可能是由不同分部制造,而且不同产品的收入流及利润有不同的构成,可以度量其内部资本的贡献度。

（2）收益指标

企业收益有会计计量法和市场度量法。自 Lang 和 Stulz 以后的多数研究是基于市场度量法。这种方法能度量多元化战略的一种"价值效应"——多期收益的市场效应。但就内部资本市场而言,会计度量也有必要,即内部资本市场的当期产出从融资角度来看,也取决于各分部的当期收入流。因而我们建立两种类型的收益指标。一是会计度量,即当期利润总额与资产总额的比值;另一种是市场指标,这也是自 Lang 和 Stulz 之后广泛应用的方法,是采用托宾 $Q(TQ)$ 来度量投资机会（市场价值）[①]。TQ＝（流通股市价＋非流通股数×每股净值＋债务的账面价值）/ 资产账面价值。

（3）融资约束和融资结构

融资结构与内部资本市场效率有关,在 FHP 中是按股利支付高低来识别是否存在融资约束,在这个约束下,现金流理解为内部现金流。FHP 的检验目的是:当存在融资约束时,内部现金流对投资的敏感性程度的大小。因而我们在 FHP 基础上,建立三个指标反映融资约束:一是股利支付,企业如果当期支付股利则表明融资约束可能较小;二是销售增长率,这表明融资渠道的一种额外来源,三是投资活动的外部资金构成（Outer Invest

---

① 实际上,更合理的市场收益应该是超额收益,即以分部收益为基础,以其相对于市场同行业的平均收益的差异（超额）数据为标准,Lang 和 Stulz 及 Berger 和 Ofek 在多元化研究中都引入了这个度量。本书的研究是为了研究内部资本市场的投资效率,因而直接采用托宾 Q 值的办法。

Cash In)。OuterCash＝吸收权益性投资所得现金＋发行债券所得现金＋借款所得现金＋收到其他与筹资活动有关的现金。

（4）代理成本

在前两章的理论模型中都涉及了代理成本对投资行为的影响，为此建立变量，我们采用的是 Jensen 自由现金流量的度量指标。其计算方法是：息前税后利润＋折旧与摊销－营运资本增加－资本支出，也等于：息税前利润（1－所得税率）＋折旧与摊销－营运资本增加－购建固定无形和长期资产支付的现金，其中所得税率＝所得税/利润总额。同时期初现金持有也作为代理成本检验的因素。

6.2.2　数据样本选择及描述性统计

我们的样本数据来自 Wind 数据库，选取 2000—2006 年度证监会的一级代码分类确定为制造业的公司样本，因为在此之前的上市公司财务报告附注没有分部数据，而 2007 年以后上市的公司，按上市公司披露要求，也要提供前三年的财务报告，但由于没有市场交易所形成的股价数据，所以删除；同时删除所有 ST 公司；删除所有年度都没有分部报告的样本 69 个。统计数据分别如表 6-1 至表 6-4 所示。

（1）多元化数据的描述性统计

表 6-1　2000—2006 年制造业上市公司多元化的产品大类分布统计

年份	2000	2001	2002	2003	2004	2005	2006
平均值	3.2	3.40	3.71	3.83	4.39	3.93	3.96
最大值	10	10	9	10	11	10	10
最小值	1	1	1	1	1	1	1
中位数	3	3	3	4	4	4	4
标准差	1.91	1.83	1.85	1.96	2.04	2.02	1.99

总体看来 2000—2006 年我国上市公司制造业的产品大类维持在 4 种大类左右。以产品分部的数量作为多元化标准的差异并不

是很大,因而先可以建立以企业大类产品的种类数来度量多元化。

表 6-2 2000—2006 年制造业上市公司多元化的 Herfindahl 指数

年份	2000	2001	2002	2003	2004	2005	2006
有效样本	347	504	611	756	860	887	882
平均值	0.389 7	0.415 1	0.452 2	0.446 7	0.443 5	0.435 6	0.438 8
最大值	0.849 3	0.857 9	0.856 6	0.860 1	0.861 2	0.867 8	0.862 8
最小值	0(73)	0(71)	0(57)	0(81)	0(97)	0(118)	0(116)
中位数	0.445 0	0.459 9	0.489 9	0.492 6	0.486 0	0.485 0	0.481 8
标准差	0.263 4	0.246 8	0.232 6	0.241 3	0.236 8	0.248 0	0.247 5
聚焦比重	0.210	0.141	0.093	0.107	0.113	0.133	0.132

注:表中的最小值都为 0,表示聚焦经营(即非多元化),而 0 之后的括号数字表示样本非多元化经营的企业个数。其中聚焦比重为非多元化经营个数/有效样本。

(2)部分变量的描述性统计

表 6-3 部分变量的描述性统计

变量	最大值	最小值	中位数	平均值	标准差
资产报酬率 ROA(%)	37.42	−59.52	5.437	5.34	6.61
权益报酬率 ROE(%)	162.30	−265.00	6.620	5.11	16.596
托宾 Q	7.30	0.55	1.270	1.39	0.455
资产规模 Size	25.71	17.80	21.07	21.17	0.913
资本结构 Lev	0.99	0.023	0.464	0.46	0.171
销售增长率 SaleG	37.84	−0.99	17.44	1.31	0.630
现金流量 CF/K	3.93	−2.66	0.162	0.19	0.320
现金持有 CH/K	14.30	0	0.398	0.68	0.899
投资 I/K	3.92	−0.077	0.177	0.272	0.333 2
自由现金流 FCF/K	7.10	−21.41	0.045	−0.066	0.923
多元化指数 Herfindahl	0.867	0	0.487	0.442	0.241
外部融资现金流 (EC/K)	22.20	−2.33	0.010	0.201	0.960
流通股比例	0.858	0.086 8	0.391	0.411	0.122

表 6-4　变量的 Pearson 相关系数矩阵

	ROA	I/K	TQ	Size	LEV	SaleG	EXC/K	OPC/K	CF/K	FCF/k
I/K	0.243 72 ***									
TQ	0.024 58 *	0.090 5 ***								
Size	0.133 13 ***	−0.092 45 ***	−0.446 22 ***							
Lev	−0.272 09 ***	−0.093 94 ***	−0.275 14 ***	0.273 94 ***						
SaleG	0.002 34	0.037 93	−0.004 13	0.002 37	0.031 78 *					
EXC/K	0.137 22 ***	0.446 7 ***	0.088 12 ***	−0.128 79 ***	−0.069 59 ***	0.037 92 **				
OPC/K	0.252 85 ***	0.129 42 ***	−0.010 52 *	0.061 35 ***	−0.045 41 ***	0.050 72 ***	−0.071 7 ***			
CF/K	0.679 59 ***	0.383 32 ***	0.059 21 *	0.035 63 *	−0.226 68 ***	0.063 86 ***	0.328 93 ***	0.291 5 ***		
FCF/k	−0.078 09 **	−0.315 97 ***	−0.075 13 ***	0.154 04 ***	0.130 17 ***	0.020 06 ***	−0.820 73 ***	0.008 2 ***	−0.178 26 ***	
CH/K	0.053 21 **	0.366 53 ***	0.141 68 ***	−0.123 9 ***	−0.175 34 ***	0.070 83 ***	0.037 99 *	0.106 2 ***	0.329 7 ***	0.034 6 *

注：*，**，*** 表示显著性分别对应着 10%，5% 和 1% 的置信水平。

6.3　内部资本市场收益的实证检验

6.3.1　内部资本市场中会计收益的影响的实证研究

我们首先检验多元化对收益的影响。类似于多元化溢(折)价的验证,首先检验内部资本市场存在对企业价值是否有影响,我们建立了基于会计收益和市场价值权衡的两种检验方法。

(1) 企业收益率的一般模型。一般说来,收益率是企业对投资机会把握的结果,也是企业经营能力、融资结构及增长能力的结果,同时也可能是多元化及形成的内部资本市场的作用体现。收益率模型的回归结果,如表 6-5 所示。

$$ROA = \beta_0 + \beta_1 TQ + \beta_2 Size + \beta_3 Lev + \beta_4 SaleG + \beta_5 Div \quad (6\text{-}1)$$

表 6-5　收益率模型(模型 6-1)的回归结果

变量	1	2	3	4	5	6
常数项	0.845 (13.68)	−24.35 (−8.11)	−26.72 (−9.36)	−26.74 (−9.35)	−26.72 (−9.32)	−26.92 (−9.42)
托宾 Q	0.357 (1.48)	1.523*** (5.71)	0.617** (2.40)	0.621** (2.36)	0.621** (2.35)	0.702*** (2.70)
资产规模 Size		1.303*** (9.79)	1.749*** (13.62)	1.750*** (13.62)	1.750*** (13.62)	1.721*** (13.38)
资本结构 Lev			−12.60*** (−19.78)	−12.61*** (−19.78)	−12.61*** (−19.77)	−12.67*** (−19.90)
销售增长率 SaleG				0.000 (0.79)		
Div-Herfindahl					−0.049 (−0.11)	
Div-Segment						0.185*** (13.68)
Adjust-R²	0.000 3	0.026 5	0.121	0.121	0.120	0.124
F	2.18	49.03	166.69	125.13	100.08	102.85

不同形式的回归模型变形应用中,销售增长在整个回归中起的作用很小,几乎不能解释利润率的来源,企业规模和资本结构则与收益显著相关,但其中很关键的多元化的两种度量方法(Herfindahl 和产品业务分部数量 M)对收益的解释结果差别很大,以 Herfindahl 度量的多元化几乎没有起任何作用,而以产品分部控制的收益率则作用明显。

(2) 融资约束及代理问题对收益率的影响。首先,我们先研究多元化经营时,这种融资约束主要是根据 FHP 及随后的采用是否发放股利为区分标准。

为考察代理成本对收益的影响,我们则采用自由现金流(FCF)作为控制变量。

$$ROA = \beta_0 + \beta_1 TQ + \beta_2 Size + \beta_3 Lev + \beta_4 Div + \beta_5 DumDiv + $$
$$\beta_6 FreeCash + \beta_6 FreeCash \times DumDiv \qquad (6\text{-}2)$$

该模型的回归结果如表 6-6 所示:

表 6-6　考虑融约束和代理成本的收益率模型(模型(6-2))的回归结果

变量	融资约束			代理成本		组合作用			
	发放股利(HD)	不发股利(ND)	全样本	高现金持有(HCH)	低现金持有(LCH)	NDLCH	NDHCH	HDLCH	HDHCH
B_0	-26.92 (-9.42)	-0.644 (-0.12)	-28.5 (-9.94)	-30.61 (-8.15)	-28.09 (-6.39)	-4.47 (-0.58)	0.677 (-0.09)	-14.44 (-3.99)	-21.69 (-5.91)
Q	0.702*** -2.66	-2.251*** -5.12	0.711*** -2.74	1.010*** -3.01	0.064 -0.16	-2.418*** (-3.76)	-2.136*** (-3.45)	2.232*** -6.08	1.808*** -5.63
企业规模 Size	1.721*** -13.38	0.381 -1.55	1.789*** -13.85	1.903*** -11.3	1.756*** -9.08	0.537 -1.5	0.309 -0.93	0.978*** -5.84	1.386*** -8.37
资本结构 Lev	-12.673*** (-19.90)	-7.789*** (-7.43)	-12.42*** (-19.44)	-13.82*** (-16.17)	-11.668*** (-12.51)	-8.191*** (-5.41)	-8.108*** (-5.56)	-3.789*** (-4.20)	-6.740*** (-6.89)
内部资本市场分部 (M)	0.064*	0.267*** -2.95		0.140** -2.03	0.186** -2.35	0.205 -1.47	1.256* -1.71	0.121* -1.81	0.042 -0.6
Sale-Growth	2.99*** -13.54	0.001 -0.99	0.001 -0.89	0 -0.65	0.186*** -5.28	0.370** -2.35	0.001 -0.86	2.301*** -8.32	3.848*** -10.82
融资约束 (Dividend)	6.036*** -30.19		-0.503*** (-4.44)						
代理成本 (FCF)				1.235*** -3.52	-0.993***	-0.448	1.257* -1.71	-0.446*** (-4.58)	0.382 -1.17
Adjust-R^2	0.301	0.05	0.129	0.168	0.119	0.05	0.07	0.09	0.1
F值	310.99	22.7	107.15	73.69	49.47	8.82	11.45	21.07	26.12

注:(1)***、**、*分别表示 1%、5% 及 10% 的显著性水平;(2)在本研究的数据中,融资约束只考虑"是否发放股利",因而在"融资约束"一行中部分栏中有空值。

从其回归数据可以看出：

第一部分内容涉及的是融资约束检验。全样本模型的回归结果中，融资约束所对应的变量对企业收益率的解释力很高，R^2 也比其余不考虑融资约束时的结果更为显著。这说明我国内部资本市场在解决融资约束，以提高整体盈利能力方面并没有发挥出明显的作用。就投资机会的把握（TQ）而言，在控制了内部资本市场效应后，融资约束小的企业往往能把握好投资机会；而资金缺乏的企业则在把握盈利机会时做得很差（相关性为 -2.251）。融资约束小的企业内部资本市场效应很小（0.064，且不显著）；存在内部资本市场时融资约束小的企业总量规模（Size）的效应很强，反之，融资约束小的企业的规模效应（扩张）较小，但其内部资本市场相关性很高，此时构建多产品收入的资金融通也许是保持利润率的一个重要因素。而就销售增长对收益率的贡献的关系方面，模型（6-1）表明不考虑内部资本市场时，其与收益的相关性较小，而模型（6-2）的结果表明，在控制了内部资本市场时，融资约束小的企业的销售增长对收益率有较大的贡献。就资本结构方面，不考虑内部资本市场时，我国上市公司当期收益与资本结构呈负相关，但在控制了内部资本市场变量后，这种因素的影响效果变小。

第二部分的代理成本的检验中，全样本的 R^2 和引入代理成本控制变量后的分析结果接近，因而用内部资本市场解释其代理行为时具有一定的解释力。首先，我们看到内部资本市场（Segment）在两种不同现金持有下都很显著。对投资机会的利用方面（托宾 Q），可以发现，即使理论上这时的代理成本高，但企业在把握投资机会以获取盈利方面比低代理分类企业表现得更好。但考虑自由现金流量对当期收益（ROA）的影响时，高自由现金流量的企业的影响是正的，而低自由现金流的企业的影响是负，但前者的显著性不如后者。另外回归结果也表明在考虑内部资本市场和代理成本时，企业资产规模（Size）对收益影响不大。

　　第三部分检验的是融资约束与代理成本的交叉作用。这种交叉作用与前面分类检验的总体有相似性。在内部资本市场（Segment-M），融资约束高且代理成本高时，内部资本市场作用最大，而且显著性很高。内部资本市场在解释融资约束和代理成本方面在短期（对当期收益的影响）效应方面能得到有效的解释。而影响程度最小的是融资约束小且自由现金流高的企业组，此时内部资本市场的作用最小，但也有正的边际贡献，尽管其结果并不明显。

　　总之，样本企业从融资约束、代理成本及其交叉的回归结果表明对应的企业内部资本市场在短期贡献方面是有效的，假说 1 所对应的内部资本市场在缓解融资约束从而有利于公司短期业绩的提升得到检验。假说 2 对应的内部资本市场中代理成本的存在是造成公司短期业绩波动的主要原因之一，同时也造成了内部资本市场在长期投资中的业绩下降（即存在多元化折价）。

6.3.2　内部资本市场存在对企业价值的影响

　　这一部分我们检验内部资本市场对企业长期的影响结果。前面一部分的检验中，将 Q 值作为未来投资机会（未来价值），作为当期收益的回归因素，此时的 Q 值被解释为企业的经营状态，这也与传统实证财务收益因素模型相一致。这一部分我们对 Q 值本身受内部资本市场的影响，或者在多元化经营的企业中 Q 值的效应，这可以理解为内部资本市场对以市场法度量的企业价值（长期）的影响。此一部分的内容主要是检验 Q 值与企业与规模（Size）、资本结构（Lev）、多元化（Div）及相关的变量是否存在相关性，同时内部资本市场存在时，通过作用于融资约束和代理成本进而是如何影响企业价值的。我们建立如下实证模型以检验企业规模和财务结构及多元化的影响程度。

$$TQ = \beta_0 + \beta_1 Size + \beta_2 Lev + \beta_3 SaleG + \beta_4 ICM \qquad (6\text{-}3)$$

其中的 ICM 是内部资本市场的结构因素,我们先采用内部资本市场范围(Herfindahl 或 M 值)来看多元化或内部资本市场的整体长期贡献。

从表 6-7 的统计结果可以看出,用规模、杠杆系数,销售增长等来解释企业价值而不是当期收益率时,R^2 的值并未有所提高,但销售增长在解释 Q 值时基本不起作用。而当引入多元化的度量时,用多元化来解释成长价值(托宾 Q)的影响时,采用分部数量(M)作代理变量时比采用分部的收入结构所表示的多元化(Herfindahl 变量)更有解释力,从这一数据看来,多元化对企业长期的价值有所降低(多元化折价)。下面结合 ICM 的融资约束和代理成本因素检验其长期影响。

表 6-7　企业投资价值(托宾 Q)的简单回归模型的结果

变量	1	2	3	4	5
常数项	6.102 (38.71)	5.826 (37.06)	5.703 (37.06)	5.839 (37.06)	5.797 (37.00)
企业规模 Size	−0.222*** (−29.91)	−0.20*** (−26.26)	−0.194*** (−26.07)	−0.199*** (−26.26)	−0.195*** (−25.62)
资本结构 Lev		−0.439*** (−10.83)	−0.437*** (−11.03)	−0.439*** (−10.81)	−0.430*** (−10.63)
SaleG rowth			0.000 (0.15)	0.000 (0.12)	0.000 (0.14)
Div-Herfindahl				−0.033 (−1.18)	
Div-Segment					−0.0183*** (−5.38)
Adjust-R^2	0.20	0.224	0.223	0.224	0.230
F 值	120.98	110.89	110.70	109.83	112.34

　　表 6-8 是对内部资本市场按融资约束、代理成本及其交叉项作的回归,同时加入了是否非国有控股的控制变量。其结果在诸多方面都与前述内部资本市场对企业的短期贡献检验结果有所不同。最为关键的结果是:不同于内部资本市场对企业的短期具有正的贡献,当采用托宾 Q 度量的企业长期投资机会或成长能力而言,内部资本市场的贡献都是负的,这验证了样本企业代表的我国制造业企业在利用内部资本市场上时存在缺陷,另外在控制了内部资本市场后,企业的规模效应(Size)也是负相关的,这些数据表明多元化折价在内部资本市场上得到验证。下面我们分析这种负影响的具体表现。

表6-8 考虑融资约束和代理成本的企业价值模型（模型(6-3)）的回归结果

变量	融资约束			自由现金流量			组合作用			
	全样本	发放股利(HD)	不发股利(ND)	全样本	高自由现金流量(HCH)	低自由现金流量(LCH)	NDLCH	NDHCH	HDLCH	HDHCH
常数项	5.874*** (37.06)	5.21*** (26.97)	6.986*** (25.08)	5.809*** (36.67)	5.682*** (24.97)	5.803*** (26.08)	6.745*** (16.57)	7.043*** (18.51)	5.139*** (19.45)	5.164*** (17.67)
企业规模 Size	-0.206*** (-26.20)	-0.163*** (-17.29)	-0.260*** (-18.97)	-0.196*** (-25.44)	-0.189*** (-17.24)	-0.198*** (-18.25)	-0.247*** (-12.31)	-0.266*** (-14.31)	-0.163*** (-12.67)	-0.160*** (-11.30)
资本结构 Lev	-0.397*** (-9.29)	-0.592*** (-10.53)	-0.169*** (-2.59)	-0.430*** (-10.56)	-0.522*** (-8.85)	-0.346*** (-6.16)	-0.233** (-2.50)	-0.113 (-1.22)	-0.493*** (-6.72)	-0.699*** (-8.15)
内部资本市场分部(M)		-0.017*** (-4.06)	-0.017*** (-3.03)		-0.016*** (-3.34)	-0.021*** (-4.32)	-0.019** (-2.25)	-0.014* (-1.88)	-0.019*** (-3.57)	-0.013** (-2.19)
国有企业(N)	0.002 (0.13)	-0.016 (-0.93)	0.016 (0.75)	-0.001 (-0.11)	0.016 (0.4157)	-0.008 (-0.45)	0.003 (0.09)	0.045 (1.59)	-0.015 (-0.68)	-0.010 (-0.4)
融资约束(Dividend)	0.045*** (3.09)									
代理成本(FCF)				0.003 (0.41)	0.086*** (3.48)	-0.016* (-1.86)	-0.084** (-2.44)	0.072 (1.54)	-0.012 (-1.43)	0.089*** (3.03)
Adjust-R²	0.228	0.248	0.236	0.230	0.224	0.245	0.224	0.258	0.285	0.222
F 值	108.58	98.54	86.50	105.82	89.58	117.64	45.44	50.76	82.98	62.87

注:(1) ***、**、*分别表示1%、5%及10%的显著性水平;

178

首先分析内部资本市场如何通过融资约束作用于企业价值。这对应表 6-8 中的第一部分(2～4 列)的回归结果。首先就长期而言,内部资本市场通过不同的融资约束程度对企业的长期价值(TQ)的影响为负且很接近,但影响程度不同;就规模而言,同等规模的内部资本市场(产品分部),对融资约束企业而言,企业规模越大时,长期价值的负影响相关性更高,但在负债方面,其影响程度的负的相关性影响则较小。

其次分析代理成本的影响。此时不同于上面融资约束的影响的差别,低自由现金流企业的内部资本市场对企业价值的负相关性更大(−0.021:−0.016),这表明从长期而言,高自由现金流企业的投资行为更具预期理性,内部资本市场的资本配置呈现一定的有效性(更小的折价);而其中在控制了内部资本市场后,资本结构的效应中,低自由现金流量企业的资本结构影响的负相关性也在降低,表 6-8 考虑融资约束和代理成本的企业价值模型(模型(6-3))的回归结果似乎也表明在内部资本市场中的资本结构的信号模型依然成立;最关键的是:就自由现金流量本身与托宾 Q 的关系而言,对高自由现金流量的分组,这种影响是正的相关性,而对低自由现金流量的分组则显示的是负相关性,这一结果表明,通过内部资本市场实现投资行为的代理控制能得到进一步的验证。

最后,在分析内部资本市场下融资约束和代理成本的交叉项的影响时,发现这种影响的效果并不大,说明在内部资本市场控制下,样本企业的融资约束与代理成本没有很大的互补或替代作用,尽管如此,在比较交叉项的代理成本时,我们发现在融资约束下的高自由现金流量通过内部资本市场能提高价值的效果不如非融资约束样本企业(0.072:0.089)。而低自由现金流量的样本企业,融资约束程度低时代理成本的影响减少(−0.084:−0.012)。

总之,从内部资本市场通过融资约束和代理成本之于企业长期价值的影响来看,内部资本市场本身的多元化程度的提高会减少企业价值;同时在特定的内部资本市场控制体系下,融资约束与代理成本是以两种相对独立的方式贡献(或)于企业价值,相互影响并不大,假说 1 和假说 2 采用不同的价值标准依然得到了有效的检验。

6.4 内部资本市场投资行为的实证检验

6.4.1 内部资本市场中投资模型的一般检查模型

$$I/K = \beta_0 + \beta_1 TQ + \beta_2 Size + \beta_3 Lev + \beta_4 SaleG + \beta_5 CF/K$$

$$(6\text{-}4)$$

其中 I/K 是投资支出,采用当期资本性投资支出与期初固定资本的比值,TQ 为以托宾 Q 值表示的投资机会,Size 是对自然对数表示的企业总资产金额,Lev 是负债比率,SaleG 是销售增长率。在 Rajan 和 Zingles 的研究中,销售增长是企业增长能力的一种度量。

根据表 6-9 的检验结果可以发现,第 2~5 列的投资与投资机会(托宾 Q 值)比较起来,尽管相关性较高,但所对应的 R^2 都很小,说明前述文献研究中托宾 Q 值在解释投资行为的适应度不足,在我国的上市公司资本市场中一样存在。而在第 6 和第 7 列中,引入现金流量和期初现金持有来解释投资行为时,R^2 明显有了很大的提高。此时也许说明投资行为用企业现金流的大小解释更为合理。但采用现金流大小解释投资行为时,销售增长(Salegrowth)与投资的相关性大大减少,托宾 Q 值的相关性减少的同时,其显著性也大大降低。而传统的投资理论认为,投资取决于边际生产能力(Q)及市场经营能力(SaleG)。因而此时的第 6、7 列的适应度高表明在解释行为时,投资—现金流

敏感模型比传统投资—投资机会的 Q 投资理论更适合于建立
实证检验模型。

表 6-9 投资模型(6-3)的回归结果

变量	1	2	3	4	5	6
常数项	0.180 (10.14)	0.686 4.50	0.656 (4.30)	0.652 (4.29)	0.613 (4.03)	0.427 (2.98)
投资机会 TQ	0.066*** (5.45)	0.045*** (3.32)	0.036*** (2.60)	0.042*** (2.96)	0.027* (2.06)	0.018 (1.37)
规模 Size		−0.024*** (−3.50)	−0.019*** (−2.79)	−0.018** (2.65)	−0.037*** (−5.76)	−0.012*** (−1.88)
资本结构 Lev			−0.128*** (−3.78)	−0.134*** (−3.92)	0.068* (2.10)	0.035* (−1.09)
销售增长 SaleG				0.017*** (2.72)	−0.006 (−1.01)	0.013* (2.01)
现金流量 CashFlow					0.410*** (24.64)	
现金持有 CashHold						0.131*** (22.38)
Adjust-R^2	0.008	0.011	0.014	0.017	0.159	0.137
F 值	29.71	18.33	18.83	16.62	136.96	115.40

是否加入现金流量来检验投资模型成为争议的话题:投资
行为是由成长机会(及经营状态)解释还是用现金流来解释更为
合理? 建立融资约束模型时,FHP 引入了融资约束试图综合这
两种分析方法,并引入"是否支付股利或高低"来作为融资约束
程度的大小代理变量,这在 FHP 的检验中很为关键。但
Kaplan 和 Zingles(KZ)对 FHP 的批评中,正是对这种研究方法
提出质疑,KZ 对 FHP 的样本进行分析,发现"FHP 样本中
85%的企业不管信用程度如何及现金流的大小,投资还是在增
长",因而在 KZ 看来,投资与现金流的实证模型只是经验数据
上的统计结果,不能作为动因取代传统的投资价值(如 Q,经营

能力等)的检验。此后 FHP 对此进行了解释,但似乎也不是非常有说服力,但在另一方面,融资约束作为此前形成的公司财务信息不对称的一个很好的检验方法,也被后续研究所重视,毕竟如同表 6-9 的结果所显示,财务视角的现金流能取代难以操作的 Q 和经营情况(SaleGrowth),同时解释效果也更明显,这就是 FHP 投资检验模型得以流行的主要原因。

在此之前,我们针对多元化对应的 Herfindahl 分数来检验不同多元化程度对投资—现金流(或投资—成长机会)模型。同时在多元化的 Herfindahl 指数和产品大类 M(用于作分部数量的代理变量)中,我们发现相对于内部资本市场的收益模型而言,用收入加权性质的 Herfindahl 解释能力比以简单列出分部数量的内部资本市场范围度量更为有效。这与前面的内部资本市场收益模型正好相反,前者中的分部数量更为相关。

如表 6-10 所示,引入多元化所表示的内部资本市场后,分部数量和分部收入结构都与投资—现金流显著相关,同时以分部构成表示的相关系数也比较大。

表 6-10　多元化程度不同对投资模型的影响

分类模型	全样本			多元化内部的分组(按分部数量)		
				低	中	高
常数项	0.905 (6.39)	0.894 (6.33)	0.854 (6.04)	0.536 (2.07)	0.900 (3.70)	1.066 (4.47)
投资机会 TQ	0.027* (2.06)	0.031* (2.19)	0.028* (2.14)	0.029* (1.37)	0.031 (1.43)	0.033 (1.24)
规模 Size	−0.037*** (−5.76)	−0.038*** (−6.00)	−0.037*** (−5.78)	−0.023* (−1.97)	−0.037*** (−3.40)	−0.046*** (−4.34)
资本结构 Lev	0.068* (2.10)	0.065* (2.00)	0.067* (2.06)	0.116* (2.05)	0.160 (0.29)	0.084 (1.43)
销售增长 SaleG	−0.006 (−1.01)	−0.006 (−1.12)	−0.005 (−0.9)	−0.021 (−1.25)	0.004** (0.17)	−0.004 (−0.63)

续表

分类模型	全样本			多元化内部的分组（按分部数量）		
				低	中	高
现金流量 CashFlow	0.410*** (24.64)	0.409*** (24.64)	0.412*** (24.82)	0.370*** (11.54)	0.405*** (14.50)	0.459*** (15.74)
分部数量 M		0.010*** (3.81)				
分部构成 Herfindahl			0.110*** (5.21)	0.144*** (3.41)	0.073* (1.75)	0.065 (1.48)
Adjust-R^2	0.159	0.162	0.165	0.127	0.16	0.198
F 值	136.96	116.98	119.49	26.29	46.54	47.78

　　表 6-10 的右半部分是对分部数量进行划分，从按产品业务的大类（作为分部的度量）的回归结果看来，随着内部资本市场范围的增大（分部的增多），投资的规模效应（Size 对应的系数）在增大，但资本结构的作用程度在减少，资本结构的影响并不显著，分部越多，对现金流的敏感性也在增大，并且 R^2 也在增大，因而随着内部资本市场范围的增大会增强"投资—现金流"模型的作用效果。Jensen 用自由现金流量的代理成本表示这种行为，即更多的自由现金流会导致更多的投资，而在内部资本市场中，这种投资敏感性随着分部增长效果更明显是否是内部资本市场资本预算代理问题的表现呢？

6.4.2　内部资本市场中对融资约束的检验

　　FHP 的融资约束理论采用"是否支付股利"作为是否有融资约束的代理变量，尽管 KZ 对 FHP 的样本进行分割并对相关类别的子样本进行分析时发现并不总是如此，即 FHP 所限定的不支付股利的企业（即融资约束类型）同样可以获取足够用于投资的资金。因而我们引入外部融资与期初固定资本的比率，结合股利是否发放来度量融资约束。我们先用是否支付股利来检验 FHP 的融资约束模型在内部资本市场中的相关性。

(1) 基于 FHP 融资约束方法的检验

当将股利支付作为融资约束的一个代理时,表 6-11 的现金流投资模型第 2 列的全样本回归表明股利支付显著性的影响投资——现金流敏感性。第 3、4、5 列是对不支付股利的针对内部市场的分部数量进行的回归结果,注意到此时三者的 R^2 都很小,投资机会、规模、资本结构、销售增长对模型的相关性不显著,此时众多的变量中只有现金流对投资有显著性影响。而在股利支付的第 6、7、8 列对应三个子回归模型中,这时三者的 R^2 有显著提高,但同样,此时投资机会、企业规模、资本结构和销售增长都会提高投资——现金流敏感性。

表 6-11 现金流投资模型回归结果(以股利支付作为融资约束)

回归变量与分类模型	全样本	不支付股利(DumD=0)				股利支付(DumD=1)		
		低 M	中 M	高 M	低 M	中 M	高 M
常数项	1.028 (7.27)	-0.112 (-0.29)	0.714 (2.01)	0.681 (1.90)	1.445 (4.30)	1.379 (4.09)	1.694 (5.57)
投资机会 TQ	0.023 * (1.80)	0.026 (0.92)	0.020 (0.69)	0.023 (0.70)	-0.027 (-0.94)	0.037 (1.17)	-0.005 (-0.13)
规模 Size	-0.048*** (-7.52)	0.013 (0.74)	-0.026* (-1.65)	-0.023 (-1.41)	-0.073*** (-4.78)	-0.064*** (-4.21)	-0.079*** (-5.91)
资本结构 Lev	0.135*** (4.08)	-0.138* (-2.09)	-0.058 (-0.79)	-0.009 (-0.13)	0.523*** (6.04)	0.224*** (2.64)	0.321*** (3.69)
销售增长 SaleG	-0.007 (-1.16)	0.019 (1.09)	-0.042 (-1.41)	-0.002 (-0.42)	-0.077*** (-2.81)	0.017 (0.58)	-0.129*** (-3.84)
现金流量 CF/K	0.364*** (21.00)	0.074** (1.98)	0.309*** (7.48)	0.143*** (3.63)	0.664*** (12.19)	0.414*** (10.22)	0.611*** (13.97)
分部规模 HI	0.114*** (5.46)	0.063 (1.15)	0.434 (0.74)	-0.066 (-1.21)	0.222*** (3.96)	0.124 * (2.11)	0.174*** (2.94)
融资约束 DumD	0.097*** (8.44)						
Adjust-R²	0.18	0.02	0.08	0.03	0.229	0.160	0.25
F 值	114.60	2.4	10.98	3.36	31.95	26.20	39.68

185

表 6-11 体现的系列回归模型中,有着一个更为重要的回归意义:如果我们比较同一种融资条件(约束或非约束)时,发现中等规模的内部资本市场都对应较小的投资—现金流敏感性。这也从内部资本市场对 Jensen 的自由现金引起的代理成本进行了进一步的说明。

(2)对 FHP 融资约束条件的扩展——外部融资比率和企业特质

本部分建立另外一种融资约束的检验变量,外部融资与投资的比值,实际上 FHP 基于股利支付受 KZ 的质疑,关键是 Kaplan 和 Zingles 后来以融资约束作为检验投资—现金流敏感性的财务模型,更合理的应该是对外部融资约束,而股利更多是取决于企业营利能力或长期经营策略,作为融资约束的代理有其不合理处。因此我们进一步考虑融资约束的实际影响。另一方面,融资约束与企业特质有关系,万良勇对我国企业集团内部资本市场对融资约束的影响进行了检验。他发现在我国特殊的产权及治理环境下,集团控制的上市公司面临的融资约束显著大于非集团控制的上市公司,邵军和刘志远则对我国上市公司的国有和非国有企业进行了融资约束的区分。因而我们可以在这一基础上检验在内部资本市场下国有控股企业和非国有控股企业产生的融资约束在解释投资—现金流的适配程度。建立以下模型:

$$I/K = \beta_0 + \beta_1 TQ + \beta_2 Size + \beta_3 Lev + \beta_4 SaleG + \beta_5 CF/K$$
$$+ \beta_6 Div + \beta_7 DumD + \beta_8 ExC/K + \beta_8 DumN \qquad (6\text{-}5)$$

其中除了其他与上述模型有关的变量外,DumN 作为是否国有企业的代理变量,ExC 则表示从外部获取的权益性融资或长期债权性融资。

表 6-12 对两种不同方式的融资约束代理变量进行了回归,从外部融资约束的控制效果来看,其 R^2 较大,说明基于股利支付的投资—现金流模型忽略了外部筹资能力,因此我们可以用外部筹资比率检验投资—现金流敏感模型。表 6-13 是所有权比例不同对投资—现金流敏感性的分析。

表 6-12 两种融资约束度量的回归结果

回归变量与分类模型	全样本	股利支付(DumD)			外部筹资比率(ExC/K)		
		低 M	中 M	高 M	低 M	中 M	高 M
常数项	0.655(4.88)	1.266(5.34)	0.990(4.07)	0.805(3.06)	0.698(3.12)	0.559(2.38)	0.174(0.75)
投资机会 TQ	0.019(1.62)	0.024(0.92)	0.029(1.35)	0.021(1.03)	0.025(1.03)	0.031(1.51)	0.008(0.45)
规模 Size	−0.028***(−4.64)	−0.060***(−5.58)	−0.045***(−4.05)	−0.039***(−3.23)	−0.026***(−2.60)	−0.020*(−1.93)	−0.003(−0.30)
资本结构 Lev	0.083***(2.64)	0.169***(2.83)	0.079(1.41)	0.178***(3.09)	0.033(0.59)	−0.01(−0.20)	0.033(0.65)
销售增长 SaleG	−0.005(−0.90)	−0.004(−0.72)	−0.008(−0.38)	−0.019(−1.15)	−0.006(−1.00)	0.016(0.80)	−0.003(−0.18)
现金流量 CF/K	0.249***(14.54)	0.407***(13.52)	0.370***(12.75)	0.319***(9.48)	0.311***(10.57)	0.276***(9.58)	0.272***(9.33)
分部规模 HI	0.083***(4.23)	0.069(1.59)	0.082*(1.95)	0.147***(3.52)	0.022(0.54)	0.067*(1.67)	0.135***(3.59)
股利支付 DumD	0.081***(7.45)	0.114***(6.02)	0.081***(4.15)	0.099***(4.60)			
外部筹资 ExC/K	0.117***(22.14)				0.106***(13.27)	0.102***(11.96)	0.233***(17.04)
Adjust-R²	0.28	0.222	0.171	0.144	0.306	0.248	0.319
F值	174.42	47.41	42.81	26.00	72.37	64.25	69.77

表 6-13　所有权比例不同对投资—现金流敏感性的影响分析

回归变量与分类模型	1	2	3	4	内部资本市场类型		
					低 M	中 M	高 M
常数项	1.020 (7.22)	0.653 (4.86)	0.486 (3.58)	0.645 (4.73)	0.391 (1.63)	0.621 (2.61)	0.835 (3.64)
投资机会 TQ	0.023* (1.83)	0.019 8 (1.64)	0.025** (2.06)	0.022* (1.80)	0.008 (0.46)	0.029 (1.40)	0.023 (0.92)
规模 Size	−0.047*** (−7.29)	−0.028*** (−4.51)	−0.013** (−2.05)	−0.023*** (−3.58)	−0.006 (−0.54)	−0.026** (−2.27)	−0.032*** (−2.97)
资本结构 Lev	0.135*** (4.08)	0.083*** (2.63)	0.026 (0.83)	0.081*** (2.59)	0.773 (1.47)	0.045 (0.83)	−0.101* (−1.79)
销售增长 SaleG	−0.007 (−1.17)	−0.005 (−0.90)	−0.004 (−0.70)	−0.005 (−0.90)	−0.003 (−0.18)	0.006 (0.27)	−0.006 (−1.07)
现金流量 CF/K	0.358*** (20.56)	0.246*** (14.31)	0.278*** (16.62)	0.245*** (14.20)	0.245*** (8.02)	0.247*** (8.33)	0.255*** (8.33)
分部规模 HI	0.112*** (5.37)	0.082*** (14.31)	0.075*** (3.79)	0.080*** (4.05)	0.132*** (3.51)	0.074* (1.84)	0.019 (0.48)

续表

回归变量 与分类模型	1	2	3	4	内部资本市场类型		
					低 M	中 M	高 M
股利支付 DumD	0.096*** (8.32)	0.080*** (7.38)		0.078*** (7.12)	0.052*** (2.69)	0.067*** (3.51)	0.099*** (5.58)
外部筹资 ExC/K		0.116*** (21.95)	0.118*** (22.08)	0.116*** (21.77)	0.221*** (15.90)	0.099*** (11.68)	0.103*** (12.95)
国有控股 DumN	−0.036*** (−3.51)	−0.022** (−2.33)	−0.031*** (−3.10)	−0.027** (−2.71)	−0.033** (1.97)	−0.011 (−0.65)	−0.030* (−1.78)
前十大股东 TenSH			−0.026 (−0.40)	−0.047 (−0.73)	−0.153 (−1.38)	0.033 (0.30)	−0.026 (−0.23)
流通股比例 MarketSH			−0.141** (−2.16)	−0.125* (−1.92)	−0.203* (−1.81)	−0.008 (−0.07)	−0.129 (−1.20)
Adjust-R²	0.184	0.280	0.271	0.281	0.325	0.243	0.327
F 值	102.12	155.83	133.96	128.08	46.12	42.41	51.10

189

6.4.3　内部资本市场资本预算的代理成本模型

我们建立如下的内部资代理成本模型：

$$I/K=\beta_0+\beta_1 TQ+\beta_2 Size+\beta_3 Lev+\beta_4 SaleG+\beta_5 CF/K+\beta_6 Div+$$
$$\beta_7 DumD+\beta_8 ExC/K+\beta_9 DumN+\beta_{10} TenSH+\beta_{11} MarketSH$$

$$(6\text{-}6)$$

式(6-7)的基本内容同前述各部分的变量一致,此式中的变量 DumN 表示是否为国有企业,TenSH 表示前十大股东的股份数,MarketSH 是流通股比率。从模型(6-5)对应的检验结果,我们看到当考虑现金流量时,销售增长(SaleGrowth)的解释效果明显变得很差,但此时在模型(6-6)中我们先不删除这个因素,目的是为了检验销售增长在解释内部资本市场的投资行为的分析中是否有效,当考察两种不同方式所形成的内部资本市场对投资行为的影响时,其结果如表 6-13 所示。

第 3 列与第 2 列相比,增加了国家控股变量的回归结果,同时将增加外部筹资变量作投资—现金流敏感性分析,结果表明,当增加国有控股变量后,企业投资对投资机会的敏感性显著性提高;而当增加外部筹资控制变量后,现金流敏感性变小。第 4 列和第 5 列是增加了股权结构变量(前十大股东和流通股比例)后的回归结果,但投资机会的利用则变得不显著,此时投资—现金流的敏感性分析中,投资机会变得显著性相关,说明流通股的公司治理结构还是发挥了一定的作用,但此时的资本结构则变得不相关。

第 6～8 列是对不同类型的内部资本市场的投资—现金流敏感性分析的结果,低的多元化内部资本市场下,流通股的存在对投资—现金流敏感性有显著相关,治理结构能有效发挥作用,而随着多元化的增强,一方面流通股控制变量的相关性减少,而且对应特定流通股控制方式,内部资本市场随着多元化的增强,内部资本市场在控制投资—现金流敏感性(或控制代理问题)时的作用显著降低。这表明股权结构能在一定程度上实现对内部资本市场的治理,但其作用范围有限。这个研究表明,国有控股对投资—现金流敏感性有比较强的影响。因而我们继续分析是否是由于融资约束问题所产生的。

从表 6-14 的分析结果可以看出,通过不同子类的模型比较,可以看出,在子模型 I 中,派发股利的企业(对应非融资约束),此时的投资与 TQ 的关系非常小,而与现金流的相关系数既大且显著,但与销售增长率的相关性也很显著,且 R^2 很大;而在不发股利的企业中(我们假设高的融资约束),投资除了与现金流比率有关外,与其他受控变量无显著相关性,且 R^2 很小。比较两者对现金流的敏感性(0.526∶0.189)似乎与融资约束理论不是完全符合。

表 6-14　是否国家控股时的投资—现金流分析模型的回归结果

控制变量分类与模型	融资约束(DumD=0)		非融资约束(DumD=1)	
	非国家控股 DumN=0	国家控股 DumN=1	非国家控股 DumN=0	国家控股 DumN=1
常数项	0.797 (2.06)	0.147 (0.61)	1.803 (6.34)	0.945 (3.88)
投资机会 TQ	0.033 (1.11)	0.020 (0.99)	−0.023 (−0.86)	0.051* (2.05)
规模 Size	−0.030 (−1.72)	−0.000 (−0.04)	−0.085*** (−6.48)	−0.047*** (−4.34)
资本结构 Lev	−0.056 (−0.75)	−0.061 (−1.27)	0.351*** (4.46)	0.289*** (4.58)
销售增长 SaleG	0.056 (0.29)	−0.002 (−0.34)	−0.060*** (−2.74)	0.014 (0.44)
Herfindahl	0.038 (0.74)	0.044 (1.35)	0.172*** (3.74)	0.150 (4.32)

续表

控制变量分类与模型	融资约束（DumD＝0）		非融资约束（DumD＝1）	
	非国家控股 DumN＝0	国家控股 DumN＝1	非国家控股 DumN＝0	国家控股 DumN＝1
CashFlow	0.167 (3.66)	0.190*** (7.61)	0.594*** (16.48)	0.374*** (9.55)
Adjust-R^2	0.032	0.064	0.247	0.131
F 值	4.41	11.02	56.25	28.47

按融资约束理论，存在融资约束时，投资与现金流的敏感性更高。这在一定程度上对假说 3 进行了检验，结果表明中国上市公司内部资本市场效率并不明显。特别是在解释融资约束方面影响投资行为的效果不太明显，这也许是由于中国上市公司的代理成本的影响更为明显，因而下面的实证检验围绕中国上市公司资本预算过程中的代理行为进行进一步的检验。

6.5 内部资本市场软预算约束的代理成本实证研究

存在内部资本市场时，上述内容基于融资约束展开了对中国制造业上市公司的相关验证。但就与融资约束对应的代理成本而言，如何检验代理成本并建立与治理结构有关控制的变量，目前的研究方法都极为有限，相关的检验结果也并不明显。国外研究中，Aggarwal 和 Samwick 从代理理论的角度构建了一个股东和管理者之间的契约模型，通过实证分析发现这个模型并不需要引入风险降低效应作为多元化经营的解释变量，而管理者之所以进行多元化经营是为了获取私人利益而不是为了降低风险。这与内部资本市场中分部管理者行为博弈过程有关。费舍尔通过实验法验证了：在单期和多期两种不同预算环境下，管理者的行为效应不同。费舍尔通过对标准的激励性预算模型进行实验研究,发现集团企业多期预算的上下级在预算制订时的谈判地位差异相对较小,尽管当期预算基于前期预算的调整,但与预期的业绩并不完全相关。本节我们从另一种角度解释内部资本市场中可能的一种代理问题,这就是 Harris 和 Raviv 建立的资本预算模型采用"软预算约束"(Soft capital constraint)分析模式,此时集团分部有很强的动机在规定期限中把规定的预算限度或比例用完,以便在后续的预算中能取得同样的乃至更高的预算额度,这表明多期预算存在代理现象。因此本节中我们将利用中国上市公司季度性投资数据试图验证以下两个研究假说。

假说 4:存在内部资本市场时,(预算)制订者的代理行为的存在,会导致企业季度性资本支出在第四季度偏高。

假说 5:多元化程度的提高会导致季度性资本预算更高的偏离。

6.5.1　样本数据与季度性资本支出的统计

为检验内部资本市场的资本预算是否存在软预算约束的代理问题,我们重新选择围绕上述样本企业的季度性财务报告数据。数据同样来自于 Wind 的季度财务数据,但由于财务报告数据来源的局限,我们只选取 2003—2006 年的季报数据,因而选取在 2003 年以前开始上市的,且同样取自在证监会一级代码分类为制造业的公司样本,这样能保证获取足够的季度数据。同时删除 ST 企业,因为其中多数存在季度财务报告数据的缺失,剩下 555 个企业样本。总共获得这些企业季度性投资样本 8 880 个。由其季度财务报告数据得出的描述性统计如表 6-15 所示,表 6-16 统计了这些样本公司的季度资本支出的分布情况。

表 6-16 的统计数据反映了样本企业投资支出的现金流在各季度的分布情况,可以看出不管是在总量还是所占资产的比重上,其平均值和中位数的数据都表明:第四季度的投资支出现金流相对其

他季度都有明显增高。对此我们改进 FHP 模型，分别采用投资因素模型和代理成本模型进行实证检验，对此现象进行分析。

表 6-15　变量的描述性统计（No. object＝8880）

变量	均值	中位数	标准差	含义与内容构成
$I_{i,t}/K_{i,t-1}$	0.026	0.014	0.040	I_{it}：投资支出，取自现金流量表的投资活动支出的现金流；K：各季度期初的资产总额；
$TQ_{i,t-1}$	1.298	1.208	0.483	市价与账面价值比：市价为流通股的市价加其他权益的账面价值，
$CF_{i,t}/K_{i,t-1}$	0.013	0.013	0.050	$CF_{i,t}$：各季度的现金流，等于净利润加折旧
D_{it}	3.981	4	2.131	多元化程度：取自报表附注中收入的产品构成数量
Size	21.315	21.240	0.927	企业规模：资产总额的自然对数
$CS_{i,t-1}$	0.498	0.483	0.495	资本结构：负债总额与资产总额的比值
$SaleG_{t,t-1}$	0.384	0.177	6.327	季度销售变动，某一季度对上年同期销售额增长率
$CH_{i,t-1}/K_{i,t-1}$	0.148	0.125	0.104	$CH_{i,t-1}$：现金持有量，期初的货币资金加短期投资

表 6-16　2003—2006 年上市公司制造业季度投资支出统计（样本数：555）

季度区间	K_{t-1}（单位：百万）		投资支出的现金及其比率			
	平均值	中位数	平均值		中位数	
			$I_{i,t}$	$I_{i,t}/K_{i,t-1}$	$I_{i,t-1}$	$I_{i,t}/K_{i,t-1}$
全年指标	2 705.59	1 467.68	323.02	11.939%	115.94	4.285%
第一季度 Q1	2 563.81	1 419.36	64.94	2.532%	18.79	0.733%
第二季度 Q2	2 664.65	1 451.77	87.02	3.265%	20.08	0.754%
第三季度 Q3	2 755.76	1 492.15	72.73	2.639%	19.35	0.702%
第四季度 Q4	2 838.13	1 531.76	98.58	3.473%	29.18	1.028%

6.5.2　季节性投资的因素分析模型和代理分析模型

（1）因素分析模型

表 6-16 显示的季度性投资变化可能是来自投资决策自身的影响因素及其相互作用，根据 FHP(1988)的解释，这些变化首先可能是来源于企业投资机会的变动（以托宾 Q 表示），同时增加的融资约束变量是对资本调整成本和利润函数不确定性的修正（后者也时常与 Myers 信息不对称相结合）。除此之外，季度性投资总量的变化可能来自于企业经营周期的季度性，例如，根据企业的销售特点，在第四季度本身可能处于销售旺季，另外，第四季度的投资支出的增加本身也可能是前几个季度经营决策的结果，为此我们用季度性销售量变动情况对其检验，同时增加了季度性虚变量（DumQk）建立以下投资因素模型检验投资与现金流的关系。

$$\frac{I_{it}}{K_{i,t-1}} = \beta_0 + \beta_1\,TQ_{i,t-1} + \beta_2\,\frac{CF_{it}}{K_{i,t-1}} + \beta_3\,SaleG_{t,t-1}$$

$$+ \sum_{k=1}^{3}\beta_k DumQ_k + \varepsilon_{it} \tag{6-7}$$

（2）季度性投资支出的代理分析模型

模型(6-6)不考虑代理问题，而当考虑内部资本市场存在低效率的资本配置时，季度性投资则可能与"软预算约束"有关的代理成本。为分析这种假设的合理性，我们首先在一般意义上考查这种代理行为与现金持有的关系；根据 Kim 的方法，将企业分成高现金持有和低现金持有两组，引入虚变量（DumCH），比较高低两组企业在不同季度投资额变动与本季度开始期现金持有的关系。另一方面，考虑内部资本市场的配置效率时，季度资本支出可能招致的代理问题来自于：多元化经营的集团企业基于内部资本市场的决策行为，我们假设多元化程度越高，分部管理者对资本支出的代理问题越严重，此时分部会在预算期结束的第四季度采用过高的投资支出,这样做的目的是可以为本部门在下一年度获取相对更好的预算地位。在此引入多元化程度的虚变量(DumDit)。我们通过财务报告的附注中所提供的收入的产品分布(或行业分布)来度量多元化程度。

$$\frac{I_{it}}{K_{it}} = \beta_0 + \beta_1\ TQ_{it} + \beta_1 \frac{CF_{it}}{K_{it}} + \beta_2\ DumCH_{i,t-1} +$$

$$\beta_3 DumD_{it} + \sum_{s=4}^{6} \beta_s DumQ_t + \varepsilon_{it} \qquad (6\text{-}8)$$

6.5.3 季度性支出的实证结果及其分析

(一) 季度性资本支出的投资因素模型检验

表 6-17 列示的是几种投资因素模型回归结果,在第 2 列的 FHP 检验中,可以看出中国上市公司投资对现金流的敏感性有显著较高的比例(1%的显著性水平),而就 Q 对投资的敏感度而言,企业的成长性对投资具有负相关性,但显著性不强(10%);在第 3 列所示的 FHP 检验增加了企业资本结构和规模因素后,Q 值与投资支出的检验系数表明,此时的成长性在解释投资支出具有正相关性,并且其显著性比增加因素前有所提高(5%)。第四列采用投资因素模型分析季度性投资支出的影响,就季度影响而言,发现第四季度中资本支出比其他季度有明显差别,同时表明这种增长极为显著(1%水平)。在表中第 5 列对投资影响因素模型增加了资本结构、企业规模和销售增长率后发现:Q 对投资支出有正相关性,但其中的销售增长率所表明的经营周期变化只在 5%的显著性范围内与投资支出有关。当考虑这些调整因素对季度性投资的影响时,我们发现第四季度相对其他季度的投资相关度并没有显著变化。经营周期不足以构成第四季度投资支出比其他三个季度高的原因,用经营周期的季度性变化来解释季度性投资变化的作用有限,我们接着考虑各季度中的投资机会和现金持有高低对各季度的影响。在这里

我们将现金持有作为融资约束的进一步分析。其分析结果见表 6-18 所示。

表 6-17　投资—现金流敏感性的投资因素模型检验结果

变量	FHP 检验 a	FHP 检验 b	模型 1a	模型 1b
$TQ_{i,t-1}$	-0.001^* (-1.90)	0.018^{**} (2.43)	0.010^{***} (8.86)	0.009^{***} (8.12)
$CF_{i,t}/K_{i,t-1}$	0.370^{***} (17.83)	0.343^{***} (15.83)	0.162^{***} (18.99)	0.161^{***} (19.10)
$CS_{i,t-1}$		-0.028^{***} (-5.01)	$-0.008)^{***}$ (-7.72)	-0.007^{***} (-7.07)
Size		0.010^{***} (3.49)	0.004^{***} (8.96)	0.005^{***} (9.63)
$SaleG_{t,t-1}$				0.001^{**} (2.28)
Q_1			-0.011^{***} (-9.17)	-0.011^{***} (-9.39)
Q_2			-0.008^{***} (-6.83)	-0.009^{***} (-7.38)
Q_3			-0.011^{***} (-9.56)	-0.011^{***} (-9.67)
Adjust-R^2	0.129	0.140	0.072	0.074
F 值	163.44	90.74	97.90	87.52

表 6-18　季度投资现金流敏感性分析

变量	Q_1	Q_2	Q_3	Q_4
$TQ_{i,t-1}$	0.004 (1.43)	-0.001 (-0.19)	0.007^{**} (3.00)	0.016^{**} (3.46)
$CF_{i,t}/K_{i,t-1}$	0.287 (7.89)	0.564 (26.53)	0.161 (8.06)	0.089 (6.48)

变量	Q_1	Q_2	Q_3	Q_4
$CS_{i,t-1}$	−0.002 (−1.1)	0.005 (2.19)	−0.006 (−2.48)	−0.013 (−4.35)
DumCH	0.009 (1.82)	−0.013 (−2.49)	0.012 (2.43)	0.034 (4.34)
$SaleG_{t,t-1}$	−0.012 (−1.96)	−0.033 (−4.36)	0.001 (0.9)	0.001 (0.15)
$TQ*DumCH$	−0.002 (−0.52)	0.013 (3.26)	−0.006 (−1.6)	−0.019 (−3.12)
Adjust-R^2	0.043	0.046	0.041	0.042
F	17.43	19.22	16.82	17.2

表 6-18 的数据是当控制了期初的现金持有量情况下企业的季度性资本支出情况。这里的销售变动率 SaleG 一行的数据表明：即使控制了现金持有，经营变化（销售变动）在解释季度性投资支出的差别方面很有限，其显著性变得更低（10%以上），而就第 5 列的第四季度成长机会和现金持有各自对投资支出正相关，但其共同影响却是负相关。说明 DumCH 作为投资因素的解释证据不足。因而根据 Jensen 的自由现金流假说，在下面的检验模型中继续把它和多元化程度相结合来检验季度性投资支出的代理模型。

（二）季度性投资的代理模型检验

对内部资本市场多分部的代理问题的分析要将单分部与多分部的资本预算行为进行比照。我们要先比较样本企业受财务政策和市场因素的共同影响，因此将这些样本企业中只从事单一产品生产（或即使从事多产品生产，但其他收入占不到10%）的企业列为无多元化企业，分析这类企业投资的季度性变化，这一定程度上也能对投资因素模型作进一步修正。

表 6-19　不同多元化程度的季度性资本支出检验

变量	无多元化	低分部	中等分部	多分部
$TQ_{i,t-1}$	0.013 (1.49)	0.007 (4.34)	0.008 (3.67)	0.006 (2.37)
$C_{Fi,t}/K_{i,t-1}$	−0.029 (−0.25)	0.049*** (3.91)	0.060*** (2.69)	0.308*** (22.91)
$CS_{i,t-1}$	0.005 (11.74)	0.000 (0.43)	0.001 (1.75)	−0.000 (−0.76)
Size	−0.015 (−1.05)	−0.003*** (−2.53)	−0.007** (−2.31)	−0.005 (−1.41)
$SaleG_{t,t-1}$	0.011 (3.83)	0.004 (4.72)	0.005 (5.71)	0.004 (4.77)
Q_1	−0.009 (−0.89)	−0.012*** (−5.66)	−0.0010** (−2.36)	−0.015*** (−6.94)
Q_2	−0.005 (−0.56)	−0.008** (−2.60)	−0.008* (−1.40)	−0.012*** (−4.98)
Q_3	−0.003 (−0.31)	−0.010*** (4.70)	−0.009*** (−5.09)	−0.014*** (−7.43)
Adjust-R^2	0.4233	0.0420	0.0465	0.2129
F	17.56	15.14	16	86.57

　　表 6-19 的内容是针对不同多元化程度的季度投资分析结果，可以看到，在控制了资本结构、销售增长，企业规模后，有多元化的企业在第四季度的投资相对其他季度的增长都比没有多元化企业的增长幅度大。而在三类多元化程度中，随着多元化程度的升高，企业第四季度的资本支出都有一定程度的提高。但对多元化而言，适度的多元化在超额投资上比过度多元化或低度多元化对资本支出预算的变动幅度小，这个结论在多元化研究文献中得到了支持，适度多元化是可取的，但我们的研究目的是要表明，是否存在更进一步的代理影响因素。事实上，上面

的研究数据对多元化的划分是按上市公司的财务年报中的产品
种类来解释的,照此解释,其中的中度多元化的产品是 5~7 种。
尽管对这种适度多元化的研究不是本书的重点,但对多元化进
一步的划分则应该成为一个更合理的研究起点。下面我们采用
Hinfield 指数对样本企业构建其多元化程度指标进行更完整的
分析。多元化指数来自于年报数据的销售收入在不同产品间的
分布。样本来自于我们将期初现金持有与多元化结合分析两者
的影响性质。我们按 HindField 指标对企业的多元化程度进一
步分组,对这种影响因素进行分析。

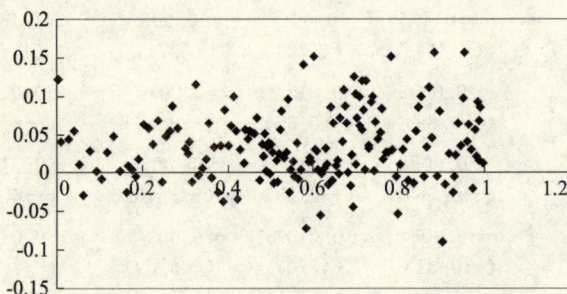

图 6-2　第四季度超额资本支出与多元化经营关系

图 6-2 采用的是 100 个分组数据进行回归的结果,其结果
所体现出的第四季度平均超出前三季度额(将这 100 个回归结
果的 Q_1,Q_2,Q_3 的系数取平均数,再取其相反数就是第四季度
的超额投资率),从散点图上可以看出,随着多元化程度的加深,
第四季度的超额支出有上升趋势(其回归系数结果为 0.001 8),
但结果并不显著(t 值为 1.61);我们发现随着多元化程度的加
深,其第四季度超额投资的异方差性表现得较为明显。这说明
在第四季度资本支出的波动很大,分析这种变动的原因,我们加
入另外一种性质的代理成本——现金持有量(CH)。因此,在下
面的分析中,我们加入第四季度初的现金持有量,将现金持有量

的高低和多元化程度进行交叉检验,分析第四季度投资的波动。其检验结果如表 6-20 所示。

从表 6-20 的多元化和现金持有的相关作用可以发现,低现金持有与高现金持有相比,后者在第四季度的变动明显比较大,其平均值相差近一倍(高低两种现金持有量有的四季度投资超额分别为 0.142 和 0.07),而在相同类别的现金持有量下,第四季度的投资受多元化影响的差异程度也接近 30%(高低多元化程度下的四季度投资超额分别为 0.011 8 和 0.009 3)。第 2 列的 Q 系数的比较分析也表明,在控制了代理变量(内部资本市场多元化程度的不同和期初现金持有),其季度间的变化幅度有所降低。

表 6-20 现金持有(CH)和多元化(Div)的交叉影响检验结果

变量	低 CH		高 CH	
	低 Div	高 Div	低 Div	高 Div
$TQ_{i,t-1}$	0.019 (8.21)	0.007 (4.34)	0.008 (3.67)	0.006 (2.37)
$CF_{i,t}/K_{i,t-1}$	0.052 (2.49)	0.049 (3.91)	0.060 (2.69)	0.308 (22.91)
$CS_{i,t-1}$	−0.007 (−4.61)	0.000 (0.43)	0.001 (1.75)	−0.000 (−0.76)
Size	0.008 (9.91)	−0.003 (−2.53)	−0.007 (−2.31)	−0.005 (−1.41)
$SaleG_{t,t-1}$	0.001 (2.64)	0.004 (4.72)	0.005 (5.71)	0.004 (4.77)
Q_1	−0.008 (−3.97)	−0.009 (−5.13)	−0.013 (−6.35)	−0.015 (−5.04)
Q_2	−0.004 (−2.20)	−0.006 (−3.53)	−0.011 (−4.73)	−0.016 (−5.55)

续表

	低 CH		高 CH	
Q_3	−0.007 (−4.07)	−0.008 (−4.63)	−0.013 (−5.75)	−0.017 (−5.64)
Adjust-R^2	0.076	0.071	0.0544	0.215
F 值	21.78	23.77	17.73	69.31

6.5.4 季度性资本支出的分析结论

为检验中国上市公司的季度性资本支出是否存在软预算约束的代理问题,本节的研究针对企业第四季度资本支出的变动数额或比例较大,并建立投资影响因素模型和代理影响因素模型以分析产生这种情况的原因。研究发现,第四季度的"超额预算"与投资支出本身和经营周期关系不大,而其主要影响因素来自于多元化经营和自由现金流的影响。从而验证内部资本市场中的一类特殊的代理问题。也表明了以下两点:(1)企业季度性资本支出的差异更多的来自于预算制订者的代理行为,因而企业第四季度资本支出的超额支出的代理解释也验证了内部资本市场中的企业分部有着"软预算约束"的代理行为,从而验证了假说 4;(2)多元化程度的提高会导致季度性资本预算适度的偏离和较大的波动,同时它会与自由现金流产生的代理问题会交错发挥影响,尽管其影响程度不如后者明显,假说 5 也得到了检验。

6.6 小结

本章对内部资本市场的效率进行了实证分析。不同于目前绝大多数的内部资本市场效率研究围绕公司层的兼并、收购和剥离行为对公司业绩的影响,本章的实证设计关注于内部资本市场配置行为本身,结合融资约束和代理问题展开,验证了中国上市公司内部资本市场资本预算的一些特点,得出了如下的结论。

本章第一部分检验内部资本市场的作用。对样本数据采用短期收益模型进行检验时,发现融资约束高的企业内部资本市场的短期收益作用很小(相关系数为 0.064,且不显著),反之融资约束小的企业其内部资本市场的短期收益效果明显;同时高(低)自由现金流量的企业内部资本市场的短期收益效果为正(负),这表明内部资本市场在短期贡献明显;而采用长期收益模型检验时,融资约束、代理成本及其交叉影响的相关系数为负,因此就长期收益而言,我国上市公司内部资本市场发挥作用有限(表现为多元化折价)。

第二部分的实证内容采用投资模型,检验我国内部资本市场效率。这一部分的检验将融资能力分成内外部融资能力分别检验。当采用基准的 FHP 法(以是否支付股利为标准)检验时,融资约束小(支付股利)的企业如果有过低(或过高)的多元化时,内部资本市场效率很差(相关系数为负),而融资约束高(不支付股利)的企业组在内部资本市场效率较高,且与多元化(内部资本市场规模)关系不大。为分析内部资本市场效率,本部分也结合外部融资比率和企业所有权特性进行样本分组,检验结果表明,外部融资能力对内部资本市场效率的解释效果更明显,尽管其结论与前者基本一致。而采用投资模型检验代理成本对我国上市公司内部资本市场效率的影响时,检验结果表明:增加对投资模型的代理成本控制后,投资—投资机会的相关性明显变小,并且得出与 FHP 相反的结论,这说明中国上市公司内部资本市场的代理行为较为明显。

本章最后一部分的实证检验则围绕资本预算的代理问题展开,通过样本数据季节性资本支出数据的分析,检验结果表明内部资本市场存在时,企业的资本预算有很强的软预算约束的代理问题存在,即资本支出存在着季节性差异,且第四季度资本预算比率提高,采用投资因素模型解释这种差异的效果不明显,但当引入代理成本变量(自由现金流、现金持有量)时,季度性资本支出的差异则变小,这表明我国上市公司资本预算季度性资本预算差异存在"软预算约束"代理问题。

第7章 结论与展望

本书从内部资本市场角度对传统的资本预算理论展开研究，将当前主流的公司财务理论纳入对资本预算问题的研究中，基于对融资约束和代理问题的分析建立了资本预算行为的分析框架，并将资本预算的动态价值过程及其激励契约设计作为理论分析的重点，在此基础上进一步研究了内部资本市场的效率问题，并利用我国上市公司资本预算的数据进行了实证检验。

7.1 主要贡献及结论

（1）本书重新界定了内部资本市场的概念并建立了内部资本市场的效率标准

已有的研究（特别是国内研究）将内部资本市场的内涵定义过宽，并粗泛地将其与企业的价值创造体系对应。而本书的一个重要观点是：内部资本市场是一种资本预算配置机制。在此基础上明确了内部资本市场理论是资本预算与组织理论相结合的产物，它是结合对公司治理、管理控制过程及融资结构决策所建立的公司投资问题分析框架。本书基于对内部资本市场的这种概念设定后，建立了内部资本市场效率的标准。已有的研究对内部资本市场效率的认定标准并不统一。本书试图表明，多元化的溢（折）价不能独立地被解释为内部资本市场绩效标准，内部资本市场效率的度量关键在于运用财务资源对投资机会的合理把握和运用。这有利于为全面检验内部资本市场效率建立一个合理的实证框架。

（2）建立了内部资本市场理论的结构—行为—效率分析框架

在已有的围绕内部资本市场的研究中，早期的研究强调对 Williamson 所指的内部资本市场存在性的检验，后期的研究则以内部资本市场的效率分析为主。而围绕内部资本市场效率的研究中，理论模型上则是以 Stein 的委托代理分析为主，这种分析强调激励和控制的同时，实证检验则困难得多；另一方面实证检验则是强调多元化及企业兼并行为对企业价值的提升（或毁损）方面，忽略了内部资本市场结构和行为分析，特别是对投资行为及其与财务结构关系的分析。本书界定了内部资本市场概念并对内部资本市场的结构类型进行了描述，并在此基础上分析了其运行过程，整合公司战略、公司治理、风险控制和资源配置等内容，建立了内部资本市场的运行和治理分析框架。建立结构—行为—绩效的分析模式，并引入内部资本市场的运行和治理框架，能更进一步揭示内部资本市场的作用途径和效率来源。

（3）对资本预算的价值过程采用动态分析方法

在已有的研究中，资本预算的动态分析缺乏基础，现有的公司投资理论则缺乏对财务结构和内部控制的分析。由于本书强调资本预算与内部资本市场的逻辑关系，在提出了一系列研究假设之后，建立了资本预算的投资优化方程，并将内部资本市场所强调的信息不对称和代理成本引入资本预算动态模型。这在客观上改变了传统资本预算方法的运用只强调权衡经营收益流不确定性和估计合理的资本折现率的缺陷，从而将资本预算以另一种方式与公司财务学相联结，这样能有效地改善资本预算方法，对资本预算行为进行更合理的分析。

206

(4) 完整地分析了内部资本市场中资本预算的激励机制设计

已有的研究对内部资本市场的"租金"来源认识不清,而本书将内部资本市场界定为资本预算配置机制后,为之建立了"内部资本市场资本预算租金"的概念。预算租金成为内部资本市场运行和治理控制的关键分析对象,模型研究表明,内部资本市场预算租金是由于事前信息不对称(逆向选择)和事后信息不对称(道德风险)的存在,在内部资本市场中,它是总部对分部管理者确定激励报酬、利润转移契约和资本预算数额的分析依据。预算租金概念的建立及其系列契约模型的建立有助于理解和分析代理问题如何影响内部资本市场的投资行为。

(5) 对内部资本市场实证研究方法的改进并得出相关的结论

已有的实证研究是从多元化角度研究投资效率的。它缺乏对融资约束和代理成本的检验,因而其研究结论未必能表明内部资本市场的有效性。本书在上述内部资本市场效率的概念确认基础上,基于 FHP 方法,将融资约束和代理成本作为检验的重要对象,检验了中国上市公司存在内部资本市场时的整体业绩效率和投资效率。并运用上市公司季度性投资数据,检验了资本预算的软预算约束这一类特殊的代理成本问题。通过这种独特的研究方法发现了中国上市公司内部资本市场在发挥缓解融资约束功能时,在不同类型企业间的差别,这种差别与财务结构、公司治理及其他因素的关系有关联,中国上市公司的代理成本随着内部资本市场范围增大也有所提高。

7.2 政策建议

本书在应用改进及政策改进方面也具有一定的意义。

（1）改进了资本预算 NPV 法的应用途径。第 4 章对资本预算方法的改进中，将传统的 NPV 法基于融资约束和代理成本指数进行了修正，建立了资本预算的改进的 NPV 法，这种改进的 NPV 法将会使资本预算的决策应用建立在对企业内外部财务结构因素、代理成本和风险权衡的基础上，从而使 NPV 法的应用更为科学和准确。尽管在资本预算方法的改进上，目前的学界更倾向于采用实物期权方法以改进传统资本预算方法在收益流不确定性的缺陷。但期权方法在反映内部激励和企业财务结构方面存在不足。因而本书建立的权衡融资约束和代理成本权衡的资本预算方法更应该广泛地采用。

（2）改进了内部资本市场效率评价制度。尽管目前对内部资本市场在内部资金融通和价值创造方面的作用已逐步得到共识，但在对内部资本市场的作用机制方面依然未有一致的结论，这一点集中表现为对多元化折价或溢价的争端依然存在。本书建立的内部资本市场结构、行为和绩效的分析框架和相应的激励机制的模型研究都表明：目前多元化经营的企业必须建立有效的内部资本市场效率标准，在此基础上确定一个合理的运行和控制模式，采取针对性的激励措施。

（3）加强了中国上市公司内部资本市场的治理。本书实证研究结果发现了中国上市公司内部资本市场代理问题的一种表现形式：资本预算中的软约束情况的存在，这就要求公司治理和管理控制在季度性资本预算支出的代理问题上采取有效的措施，在资本支出方面加强审核和控制，加强分部间的信息传递和流通机制。另外就中国上市公司而言，本书内部资本市场资本预算效率与多元化的相互关系的研究结果也表明，我国企业适度的多元化规模是 4~7 个分部，过多或过少的分部都可能会影响内部资本市场的运行和控制过程，最终导致效率的降低。

7.3　研究的不足与研究展望

　　内部资本市场理论长期以来并未受到公司财务学研究领域的足够重视,因此从总体而言,内部资本市场依然缺乏合理的财务学分析基础和分析框架。尽管众多的委托代理理论和多元化的实证研究从多个侧面研究了内部资本市场的行为和绩效,但由于内部资本市场涉及公司治理、组织结构、管理控制和会计计量的诸多方面,而当前的公司财务理论对这种"内部化"的分析过程和分析方法有所欠缺。因此本书的研究基于此原因也存在着类似的研究不足,这些不足也构成了未来研究的可能拓展,这种拓展主要体现在三个方面。

　　(1) 内部资本市场效率需要建立更全面的度量标准和分析模式。本书建立了投资与投资机会(Q)的敏感性评价标准,但 Q 理论的众多研究结论的不一致表明:Q 值在度量投资机会上存在不足。这种缺陷会影响内部资本市场效率的检验。尽管本书第 4 章采用 White 的方法建立了绕过 Q 建立投资—现金流敏感性的检验方法,但基于 GMM 方法依然涉及如何选择合理的财务结构代理变量的问题。与之对应,对投资效率的进一步研究还要对动态投资模型进行扩展,建立和改进资本预算的动态模型,并将其建立在一个多主体多期的博弈分析框架上,就研究方法而言,可借用博弈论的方法研究和分析多分部的资本预算行为。

　　(2) 需要建立对内部资本市场资本预算契约模型更深入的检验方法。第 5 章建立了系列资本预算激励契约命题框架。但在第 6 章的实证检验中,只涉及其整体性的代理成本的检验,同时只就其资本预算信息租金的黏性检验了一种特定的资本预算软约束的情形。由于中国企业内部资本市场数据的缺失,对管理者激励效应的检验有待进一步的方法设计和数据整合。因而,后续的研究可以采用实验法或案例法对内部资本市场中分部管理者行为深入研究。

(3) 未深入分析内部资本市场理论对主流公司财务理论(特别是资本结构)的作用关系。本书建立了企业资本预算行为的动态分析框架,但这种动态性如何影响企业资本结构,即如何基于内部资本市场理论实现对资本结构的动态分析,这一点本书并未涉及。Sanikov 基于企业价值的动态性建立了动态资本结构理论的分析方法,这种思路为我们未来基于内部资本市场理论构建动态资本结构理论准备了一种可能的途径。

参考文献

英文参考文献：

[1] Alchian A A. Corporate Management and Property Rights. In Manne H G (Ed.), *Economic Policy and the Regulation of Corporate Securities*. American Enterprise Institute for Public Policy Research,1969.

[2] Aoki M. *The Co-operative Game Theory of the Firm*. Oxford University Press,1984.

[3] Aquino K, Reed A. A Social Dilemma Perspective on Cooperative Behavior in Organizations: The Effects of Scarcity,Communication and Unequal Access on the Use of a Shared Resource. *Group & Organization Management*, 1998,23(4).

[4] Armour H O, Teece D J. Organizational Structure and Economic Performance: A Test of the Multidivisional Hypothesis. *Bell Journal of Economics*, 1978,9(1).

[5] Ashforth B E, Mael, F. Social Identity Theory and the Organization. *The Academy of Management Review*, 1989,14(1).

[6] Axelrod R. The Emergence of Cooperation among Egoists. *The American Political Science Review*, 1981,75(2).

[7] Axelrod R, Dion D. The Further Evolution of Cooperation. *Science*,1988,242(4884).

[8] Bagnoli M, Watts S G. The Effect of Relative Performance Evaluation on Earnings Management: A Game-Theoretic Approach. *Journal of Accounting and Public Policy*, 2000,19(4—5).

[9] Bendor J, Mookherjee D. Institutional Structure and the Logic of Ongoing Collective Action. *The American Political Science Review*, 1987,81(1).

[10] Berger P G, Hann R. Segment Disclosures, Proprietary Costs, and the Market for Corporate Control. Working Paper, 2002.

[11] Berger P G, Hann R. The Impact of SFAS No. 131 on Information and Monitoring. *Journal of Accounting Research*, 2003,41(2).

[12] Berger P G, Hann R N. Segment Profitability and the Proprietary and Agency Costs of Disclosure. Working Paper, 2007.

[13] Bernardo A E H, Cai A L. Capital budgeting and compensation with asymmet ric information and moral hazard. *Journal of Financial Economics*, 2001,61(3).

[14] Bernardo A E, Jiang Luo, James J D, Wang. A theory of socialistic internal capital markets. *Journal of Financial Economics*, 2006,80(1).

[15] Berger P G, Ofek E. Diversification's Effect on Firm Value. *Journal of Financial Economics*, 1995,37(1).

[16] Billett M T, Mauer D C. Cross-Subsidies, External Financing Constraints, and the Contribution of the Internal Capital Market to Firm Value. *The Review of Financial Studies*, 2003,16(4).

[17] Bonacich P, Shure G H, Kahan J P, Meeker R J. Cooperation and Group Size in the N-Person Prisoners' Dilemma. *Journal of Conflict Resolution*, 1976, 20(4).

[18] Bornstein G. Chapter 15: Group Decision and Individual Choice in Intergroup Competition for Public Goods. In Liebrand W B G, Messick D M & Wilke H A M(Eds.), Social Dilemmas: Theoretical Issues and Research Findings. Pergamon Press. 1992.

[19] Botosan C A, Stanford M. Managers' Motives to Withhold Segment Disclosures and the Effect of SFAS No. 131 on Analysts' Information Environment. *Accounting Review*, 2005, 80(3).

[20] Burbidge J B, Magee L, Robb A L. Alternative Transformations to Handle Extreme Values of the Dependent Variable. *Journal of the American Statistical Association*, 1988, 83(401).

[21] Bushman R M, Indjejikian R J, Smith A. Aggregate Performance Measures in Business Unit Manager Compensation: The Role of Intrafirm Interdependencies. *Journal of Accounting Research*, 1995, 33(Supplement).

[22] Chevalier J. What Do We Know About Cross — subsidization? Evidence from Merging Firms. *Advances in Economic Analysis & Policy*, 2004, 4(1).

[23] Cleary S. The Relationship between Firm Investment and Financial Status. *The Journal of Finance*, 1999, 54(2).

[24] Coase R H. Accounting and the Theory of the Firm. *Journal of Accounting and Economics*, 1990, 12(1—3).

[25] Coller M, Pierce B G. The New Segment Information: Is

it Any Better? *Journal of Financial Statement Analysis*, 1999,4(2),65.

[26] Comment R, Jarrell G A. Corporate Focus and Stock Returns. *Journal of Financial Economics*,1995,37(1).

[27] Cooper W D,Morgan R G,Redman A,Smith M. Capital Budgeting Models: Theory Vs. Practice. *Business Forum*,2004,26(1/2).

[28] Christopher A. Hennessy, Toni M. How Costly Is External Financing? Evidence from A Structural Estimation,Journal of Finance,2007,62(4).

[29] David R J, Han S K. A Systematic Assessment of the Empirical Support for Transaction Cost Economics. *Strategic Management Journal*,2004,25(1).

[30] Dawes R M. Social Dilemmas. *Annual Review of Psychology*, 1980,31.

[31] DeMarzo P Y. Sannikov. Optimal Security Design and Dynamic Capital Structure in A Continuous-Time Agency Model. *Journal of Finance*,2006,61.

[32] Dietrich J R, Kaplan R S. Empirical Analysis of the Commercial Loan Classification Decision. *The Accounting Review*,1982,57(1).

[33] Dixit A K, Pindyck R S. The Options Approach to Capital Investment. *Harvard Business Review*, 1995, 73(3).

[34] Ezzamel M A. On the Assessment of the Performance Effects of Multidivisional Structures: A Synthesis. *Accounting and Business Research*,1985,16(61).

[35] Fama E F. Agency Problems and the Theory of the

Firm. The Journal of Political Economy,1980,88(2).

[36] Fan J P H,Lang L H P. The Measurement of Relatedness: An Application to Corporate Diversification. *Journal of Business*,2000,73(4).

[37] Fazzari S M, Hubbard GR, Petersen B C. *Financing constraints and corporate investment*, Brookings Papers on Economic Activity,1988.

[38] Fox J,Guyer M. "Public" Choice and Cooperation in n-Person Prisoner's Dilemma. *The Journal of Conflict Resolution*,1978,22(3).

[39] Gertner R, Powers E, Scharfstein D. Learning about Internal Capital Markets from Corporate Spin-offs. *Journal of Finance*,2002,57(6).

[40] Gertner R, Scharfstein D, Stein J C. Internal Versus External Capital Markets. *Quarterly Journal of Economics*,1994,109(4).

[41] Gibbons R. An Introduction to Applicable Game Theory. *Journal of Economic Perspectives*,1997,11(1).

[42] Gibbons R,Murphy K J. Optimal Incentive Contracts in the Presence of Career Concerns: Theory and Evidence. *The Journal of Political Economy*,1992,100(3).

[43] Grant J, Bricker R, Shiptsova R. Audit Quality And Professional Self-Regulation: A Social Dilemma Perspective And Laboratory Investigation. *Auditing: A Journal of Practice & Theory*,1996,15(1).

[44] Grossman S J, Hart O. The Costs and Benefits of Ownership: A Theory of Vertical and Lateral Integration. *Journal of Political Economy*,1986,94(4).

[45] Hall R E, Sims C A, Modigliani F, Brainard W. Investment, Interest Rates, and the Effects of Stabilization Policies. Brookings Papers on Economic Activity,1977(1).

[46] Hamburger H, Guyer M, Fox, J. Group Size and Cooperation. *Journal of Conflict Resolution*, 1975, 19(3).

[47] Harris M, Raviv A. The Capital Budgeting Process: Incentives and Information. *Journal of Finance*, 1996, 51(4).

[48] Harris M S. The Association between Competition and Managers' Business Segment Reporting Decisions. *Journal of Accounting Research*,1998,36(1).

[49] Hart O,Moore J. Property Rights and the Nature of the Firm. *Journal of Political Economy*,1990,98(6).

[50] Hayes R M, Lundholm R. Segment Reporting to the Capital Market in the Presence of A Competitor. *Journal of Accounting Research*,1996,34(2).

[51] Herrmann D, Thomas W B. An Analysis of Segment Disclosures under SFAS No. 131 and SFAS No. 14. *Accounting Horizons*,2000,14(3).

[52] Heitor Almeida, Wolfenzon D. Should business groups be dismantled? The equilibrium costs of efficient internal capital markets. *Journal of Financial Economics*,2006,79.

[53] Hennessy C A ,Toni M. White. How Costly Is External Financing? Evidence from a Structural Estimation. *The Journal of Finance*,2007,62(4).

[54] Hill C W L. Oliver Williamson and the M-Form Firm:A

Critical Review. *Journal of Economic Issues*, 1985, 19(3).

[55] Hill C W L. Internal Capital Market Controls and Financial Performance in Multidivisional Firms. *Journal of Industrial Economics*, 1988, 37(1).

[56] Himmelberg C P, Hubbard R G, Palia D. Understanding the Determinants of Managerial Ownership and the Link Between Ownership and Performance. *Journal of Financial Economics*, 1999, 53(3).

[57] Hirshleifer D. Managerial Reputation and Corporate Investment Decisions. *Financial Management*, 1993, 22(2).

[58] Holmstrom B. Managerial Incentive Problems: A Dynamic Perspective. *Review of Economic Studies*, 1999, 66.

[59] Holmstrom B, Costa J R I. Managerial Incentives and Capital Management. *The Quarterly Journal of Economics*, 1986, 101(4).

[60] Holthausen R W, Watts R L. The Relevance of the Value-Relevance Literature for Financial Accounting Standard Setting. *Journal of Accounting and Economics*, 2001, 31(1－3).

[61] Howe K M, Vogt S. On "q". *The Financial Review*, 1996, 31(2).

[62] Hubbard R G, Palia D. A Reexamination of the Conglomerate Merger Wave in the 1960s: An Internal Capital Markets View. *Journal of Finance*, 1999, 54(3).

[63] Inderst R, Laux C. Incentives in Internal Capital Markets: Capital Constraints, Competition, and

Investment Opportunities. SSRN Working Paper,2000.

[64] Itoh H Cooperation in Hierarchical Organizations: An Incentive Perspective. *Journal of Law, Economics, and Organization*,1992,8(2).

[65] Jensen M C. Agency Costs of Free Cash Flow,Corporate Finance, and Takeovers. *American Economic Review*, 1986,76(2).

[66] Jensen M C, Meckling W H. Theory of the Firm: Managerial Behavior, Agency Costs and Ownership Structure. *Journal of Financial Economics*,1976,3(4).

[67] Kaplan S N, Zingales L. Do Investment-Cash Flow Sensitivities Provide Useful Measures of Financing Constraints? *The Quarterly Journal of Economics*,1997, 112(1).

[68] Keating A S. Determinants of Divisional Performance Evaluation Practices. *Journal of Accounting and Economics*,1997,24(3).

[69] Khanna N, Tice S. The Bright Side of Internal Capital Markets. *Journal of Finance*,2001,56(4).

[70] Knutson P H. 2001,Financial Reporting in the 1990s and Beyond: A Position Paper. *Association for Investtment Management and Research*,1993.

[71] Kollock P. Social Dilemmas: The Anatomy of Cooperation. *Annual Review of Sociology*,1998,24(1).

[72] Kothari S P. Capital Markets Research in Accounting. *Journal of Accounting and Economics*,2001,31(1—3).

[73] Kramer R M,Brewer M B. Effects of Group Identity on Resource Use in a Simulated Commons Dilemma.

Journal of Personality & Social Psychology, 1984, 46(5).

[74] Krishnan J, Press E. The North American Industry Classification System and Its Implications for Accounting Research. *Contemporary Accounting Research*, 2003, 20(4).

[75] Lambert R A. Contracting Theory and Accounting. *Journal of Accounting and Economics*, 2001, 32(1—3).

[76] Lamont O. Cash Flow and Investment: Evidence from Internal Capital Markets. *Journal of Finance*, 1997, 52(1).

[77] Lamont O, Polk C, Saa-Requejo J. Financial Constraints and Stock Returns. *The Review of Financial Studies*, 2001, 14(2).

[78] Lang L H P, Stulz, R. Tobin's q, Corporate Diversification, and Firm Performance. *Journal of Political Economy*, 1994, 102(6).

[79] Liebeskind J P. 1994, Internal capital markets: Benefits, costs, and organizational arrangements. *Organization Science*, 2000, 11(1).

[80] Liebrand W B G. The Effect of Social Motives, Communication and Group Size on Behaviour in a N-person Multi-Stage Mixed-Motive Game. *European Journal of Social Psychology*, 1984, 14(3).

[81] Lim S C, Mann S C, Mihov V T. Off-balance sheet financing: How much debt lurks in the leases? Working Paper, 2002.

[82] Love Inessa, Lea Zicchino. Financial development and dynamic investment behavior: Evidence from panel VAR.

The Quarterly Review of Economics and Finance, 2006, 46(2).

[83] Luce R D, Raiffa H. *Games and decisions: Introduction and Critical Survey*. Dover Publications, 1957.

[84] Lundstrum L L. Firm Value, Information Problems and the Internal Capital Market. *Review of Quantitative Finance and Accounting*, 2003, 21(2).

[85] Maines L A, McDaniel L S, Harris M S. Implications of Proposed Segment Reporting Standards for Financial Analysts' Investment Judgments. *Journal of Accounting Research*, 1997, 35(3).

[86] Maksimovic V, Phillips G. Do Conglomerate Firms Allocate Resources Inefficiently Across Industries? Theory and Evidence. *Journal of Finance*, 2002, 57(2).

[87] Mannix E A. Organizations as Resource Dilemmas: The Effects of Power Balance on Coalition Formation in Small Groups. *Organizational Behavior and Human Decision Processes*, 1993, 55(1).

[88] Marwell G, Schmitt D R. Cooperation in a Three-Person Prisoner's Dilemma. *Journal of Personality & Social Psychology*, 1972, 21.

[89] Matsusaka J G, Nanda V. Internal Capital Markets and Corporate Focusing. *Journal of Financial Intermediation*, 2002, 11(2).

[90] Mayer T. Plant and Equipment Lead Times. *Journal of Business*, 1960, 33(2).

[91] Messick D M, Brewer M B. Solving Social Dilemmas: A Review. *Review of Personality & Social Psychology*,

1983,4.

[92] Milgrom P, Roberts J. An Economic Approach to Influence Activities in Organizations. *American Journal of Sociology*, 1988,94(Supplement).

[93] Milgrom P R. Employment Contracts, Influence Activities, and Efficient Organization Design. *The Journal of Political Economy*,1988,96(1).

[94] Moyen Nathalie. Investment-cash flow sensitivities: Constrained versus unconstrained firms. *Journal of Finance*,2004,69.

[95] Motta A D. Managerial Incentives and Internal Capital Markets. *Journal of Finance*,2003,58(3).

[96] Narayanan M P. Form of Compensation and Managerial Decision Horizon. *The Journal of Financial and Quantitative Analysis*,1996,31(4).

[97] Olson M. *The Logic of Collective Action：Public Goods and the Theory of Groups*. Harvard University Press,1965.

[98] Peyer U C,Shivdasani A. Leverage and Internal Capital Markets：Evidence from Leveraged Recapitalizations. *Journal of Financial Economics*,2001,59(3).

[99] Pindyck R S. Irreversible Investment, Capacity Choice, and the Value of the Firm. *The American Economic Review*,1988,78(5).

[100] Radner R. The Internal Economy of Large Firms. *The Economic Journal*,1986,96 (Supplement).

[101] Rajan R,Servaes H,Zingales L. The Cost of Diversity: The diversification Discount and Inefficient Investment.

Journal of Finance,2000,55(1).

[102] Riahi-Belkaoui A. *Accounting and the Investment Opportunity Set*. Quorum Books,2000.

[103] Russo M V. The Multidivisional Structure as an Enabling Device:A Longitudinal Study of Discretionary Cash as a Strategic Resource. *Academy of Management Journal*,1994,34(3).

[104] Saiyid Islam,Mozumdar A. Financial market development and the importance of internal cash:Evidence from international data. *Journal of Banking and Finance*, 2007,31.

[105] Sannikov Y. A Continuous-Time Version of the Principal-Agent. Stanford University Working paper,2007.

[106] Sannikov Y. Optimal Security Design and Dynamic Capital Structure in a Continuous-Time Agency Model. Stanford University Working Paper,2007.

[107] Scharfstein D. The Dark Side of Internal Capital Markets Ⅱ:Evidence from Diversified Conglomerates. NBER Working Papers,1998.

[108] Scharfstein D,Stein J C. The Dark Side of Internal Capital Markets:Divisional Rent-Seeking and Inefficient Investment. *Journal of Finance*,2000,55(6).

[109] Shelanski H A, Klein P G. Empirical Research in Transaction Cost Economics:A Review and Assessment. *Journal of Law,Economics & Organization*,1995 11(2).

[110] Shin H-H,Stulz R. Are Internal Capital Markets Efficient? *Quarterly Journal of Economics*, 1998,113(2).

[111] Steer P,Cable J. Internal Organization and Profit:An

Empirical Analysis of Large U. K. Companies. *Journal of Industrial Economics*,1978,27(1).

[112] Stein J C. Efficient Capital Markets,Inefficient Firms:A Model of Myopic Corporate Behavior. *Quarterly Journal of Economics*,1989,104(4).

[113] Stein J C. Internal Capital Markets and the Competition for Corporate Resources. *Journal of Finance*,1997,52 (1).

[114] Stein J C. Agency, Information and Corporate Investment. In Constantinides,G M,Harris M & Stultz R（Eds.）, *Handbook of the Economics of Finance* (Vol. 1A). Elsevier/North-Holland,2003.

[115] Sufi A. Bank Lines of Credit in Corporate Finance:An Empirical Analysis. *Review of Financial Studies*, 2007,12.

[116] Tatsuo Ushijima. Internal capital market and the growth and survival of Japanese plants in the United States. *Journal of the Japanese and International Economies*,2005,19.

[117] Taylor M. *The Possibility of Cooperation*. Cambridge University Press,1987.

[118] Teece D J. Internal Organization and Economic Performance:An Empirical Analysis of the Profitability of Principal Firms. *Journal of Industrial Economics*, 1981,30(2).

[119] Teece D J. Towards an Economic Theory of the Multiproduct Firm. *Journal of Economic Behavior and Organization*,1982,3(1).

[120] Toni M Whited. Is It Inefficient Investment that Causes the diversification Discount? *The Journal of Finance*, 2001,56.

[121] Verrecchia R E. Essays on Disclosure. *Journal of Accounting & Economics*,2001,32(1—3).

[122] Villalonga B. Diversification Discount or Premium? New Evidence from BITS Establishment-Level Data. *Journal of Finance*,2004,59(2).

[123] Williamson O E. Corporate Control and Business Behavior. Englewood Cliffs,Prentice Hall.

[124] Westereld M. Optimal Dynamic Contracts with Hidden Actions in Continuous Time,working paper,USC,2006.

[125] Williamson O E. *Markets and Hierarchies, Analysis and Antitrust Implications：A Study in the Economics of Internal Organization.* Free Press,1975.

[126] Williamson O E. *The Economic Institutions of Capitalism：Firms, Markets, Relational Contracting.* Free Press,1985.

[127] Wulf J. Influence and Inefficiency in the Internal Capital Market：Theory and Evidence. SSRN Working Paper,2002.

[128] Wulf J. Internal Capital Markets and Firm-Level Compensation Incentives for Division Managers. *Journal of Labor Economics*,2002,20(2-Supplement).

[129] Wurgler J. Financial Markets and the Allocation of Capital. *Journal of Financial Economics*, 2000, 58 (1—2).

[130] Zeng M. Managing the Cooperative Dilemma of Joint

Ventures：The Role of Structural Factors. *Journal of International Management*，2003，9（2）．

中文参考文献：

[131] 冯俭：《企业内部市场定价：基于行为的理论模型》，《中国工业经济》，2006 年第 8 期。

[132] 傅元略：《企业资本结构优化理论研究》，东北财经大学出版社，1999 年。

[133] 傅元略：《价值管理的新方法：基于价值流的战略管理会计》，《会计研究》，2004 年第 6 期。

[134] 傅元略：《财务管理理论》，厦门大学出版社，2007 年。

[135] 郭朝阳：《公司总部的价值创造》，《中国工业经济》，2005 年第 8 期。

[136] 韩忠雪，朱荣林：《多元化公司内部资本市场研究》，《外国经济与管理》，2005 年第 2 期。

[137] 韩立岩，蔡红艳：《我国资本配置效率及其与金融市场关系评价研究》，《管理世界》，2002 年第 1 期。

[138] 黄少安，张岗：《中国上市公司股权融资偏好分析》，《经济研究》，2001 年第 11 期。

[139] 胡红星，张亚维：《中小企业信贷配给的综合模型》，《数量经济技术经济研究》，2005 年第 7 期。

[140] 高鸿祯，林嘉永：《信息不对称资本市场的实验研究》，《经济研究》，2005 年第 2 期。

[141] 迈克尔·古尔德，安德鲁·坎贝尔，马库斯·亚历山大：《公司层面战略》，黄一义等译，人民邮电出版社，2004 年。

[142] 高华宾：《我国上市公司的多角化经营研究》，《财经科学》，2002 年第 2 期。

[143] 罗眠:《企业内部市场:理论、要素与变革趋势》,《中国工业经济》,2004 年第 10 期。

[144] 梁国勇:《企业并购动机和并购行为研究》,《经济研究》,1997 年第 8 期。

[145] 柳士强:《论公司内部资本市场的资源配置方式》,《世界经济情况》,2004 年第 13 期。

[146] 李增泉等:《掏空、支持与并购重组——来自我国上市公司的经验证据》,《经济研究》,2005 年第 1 期。

[147] 连玉君,程建:《投资—现金流敏感性:融资约束还是代理成本?》,《财经研究》,2007 年第 2 期。

[148] 李善民,李街:《中国上市公司资产重组绩效研究》,《管理世界》,2003 年第 11 期。

[149] 孔刘柳:《国外企业内部资本市场理论的启示——兼谈我国企业兼并及内外部资本市场》,《外国经济与管理》,1998 年第 7 期。

[150] 林旭东:《企业集团内部资本市场的代理建模研究》,《深圳大学学报理工版》,2003 年第 3 期。

[151] 迪克西特,平狄克:《不确定条件下的投资》,朱勇等译,中国人民大学出版社,2013 年。

[152] 潘爱玲:《企业集团内部控制框架的构建及其应用》,《中国工业经济》,2005 年第 8 期。

[153] [法]拉丰,马赫蒂摩:《激励理论(第一卷)委托代理模型》,陈志俊译,中国人民大学出版社,2002 年。

[154] 曲晓辉,杨金忠,肖虹等:《论企业集团分权化管理及其内部转移定价机制的运用》,《会计研究》,2001 年第 5 期。

[155] 于增彪,袁光华,刘桂英等:《关于集团公司预算管理系统的框架研究》,《会计研究》,2004 年第 8 期。

[156] 邵军,刘志远:《企业集团内部资本市场最优规模设计》,

《天津财经学院学报》,2006 年第 4 期。

[157] 王国成:《基于实验方法的经济行为特征研究》,《数量经济技术经济研究》,2006 年第 10 期。

[158] 王立勇,石柱鲜:《内部控制系统评价定量分析的数学模型》,《系统工程理论与实践》,2005 年第 8 期。

[159] [法]让·梯若尔:《公司金融理论》,王永钦等译,中国人民大学出版社,2007 年。

[160] 王斌,高晨:《组织设计、管理控制系统与财权制度安排》,《会计研究》,2003 年第 3 期。

[161] 王强,王鲁平,周小耀:《管理控制系统的概念框架》,《管理科学》,2003 年第 10 期。

[162] 王佩艳:《融资模式效率比较与我国融资模式的选择》,《经济评论》,2001 年第 12 期。

[163] 伍利娜,陆正飞:《企业投资行为与融资结构的关系——基于一项实验研究的发现》,《管理世界》,2005 年第 4 期。

[164] 吴世农,卢贤义:《我国上市公司财务困境的预测模型研究》,《经济研究》,2001 年第 6 期。

[165] 魏明海,万良勇:《我国企业内部资本市场的边界确定》,《中山大学学报(社会科学版)》,2006 年第 1 期。

[166] 金晓斌等:《公司特质、市场激励与上市公司多元化经营》,《经济研究》,2002 年第 9 期。

[167] 熊胜绪:《不确定性条件下的企业定价模型及其应用研究》,《数量经济技术经济研究》,2006 年第 3 期。

[168] 袁琳:《构筑集团企业资金结算与集中控制的新系统》,《会计研究》,2003 年第 2 期。

[169] 杨雄胜:《内部控制的性质与目标:来自演化经济学的观点》,《会计研究》,2006 年第 11 期。

[170] 朱红军等:《共同控制下的企业合并:协同效应还是财富

转移——第一百货吸收合并华联商厦的案例研究》,《管理世界》,2005 年第 4 期。

[171] 周业安,韩梅:《上市公司内部资本市场研究——以华联超市借壳上市为例分析》,《管理世界》,2005 年第 4 期。

[172] 周红霞,欧阳凌:《企业非效率投资行为研究综述——基于股东与经理利益冲突的视角》,《管理科学》,2004 年第 12 期。

[173] [美]威廉姆森:《资本主义经济制度:论企业签约与市场签约》,段毅才,王伟译,商务印书馆,2003 年。

[174] [美]小艾尔弗莱德·D.钱德勒:《看得见的手——美国企业的管理革命》,重武译,商务印书馆,1987 年。

[175] 曾亚敏,张俊生:《中国上市公司股权收购动因研究:构建内部资本市场抑或滥用自由现金流》,《世界经济》,2005 年第 2 期。

[176] 朱武祥:《金融系统资源配置功能的有效性与企业多元化》,《管理世界》,2005 年第 2 期。

[177] 张翼,李习,许德音:《代理问题、股权结构与公司多元化》,《经济科学》,2005 年第 3 期。

[178] 郑迎迎:《内部资本市场及其对企业价值的影响:理论综述》,《经济评论》,2007 年第 12 期。

[179] 邹薇,钱雪松:《融资成本、寻租行为和企业内部资本配置》,《经济研究》,2005 年第 5 期。

[180] 李心合:《财务理论范式革命和财务学的制度主义思考》,《会计研究》,2002 年第 7 期。

后 记

本书是在我的博士论文基础上修订而成的。能在美丽的厦门大学完成三年的学业，首先要感谢我的恩师傅元略教授，他宽容淡静的为人处世以及孜孜不倦的治学风范使我明白：在中国学术正迈入与国际研究水平对接的时代，真正的学术大师和学术研究的含义所指。先生的悉心指点和热情激励，帮助我解决了在论文选题、确定框架、文章成形等过程中遇到的种种困难，最终使我得以顺利完成论文撰写，对先生的这份舐犊深情我永远无法用语言来表达，只能是存于我心中永远的感激！

近几年来我在教学之余，也围绕企业成本管理、信息化做了诸多的企业咨询和规划项目，虽说评价颇好，但自己深深感觉到管理会计理论和实务的严重脱节，学校象牙塔的研究与企业实务的脱节。因而研究工作隐入一种迷茫境地，深感管理会计的研究工作无法立地的烦恼。迷思之中幸得贵人相助，2011—2012年在中国会计学会兼职一年，受学会秘书长周守华教授和学术部喻灵主任的指点和关爱，也常思考一些会计学术问题，不至于沉沦荒废；2012年更受南京大学李心合教授的关爱，开始在南京大学商学院从事博士后研究，心合老师作为新制度财务学的奠基人，其传奇的经历让人着迷。开始随着他的脚步思考财务管理和管理会计在制度和概念框架方面的问题，书稿导论部分的内容就来自于心合老师的思想启迪。但纵然心门已经打开，但脑门还未开窍，只有加紧努力了。众多恩师无法一一致谢，权把此书当作对众多恩师的铭记，也是对自己的激励。

感谢导师组曲晓辉老师和陈少华老师，感谢他们和孙谦老师、肖虹老师在博士学习阶段的指点以及在论文开题阶段给予的启发性意见和建议。真诚地感谢管理学院 MBA 中心程文文老师几年来的关心和帮助。学习期间，一代会计学宗师余绪缨先生不幸仙逝，在此遥祝余老在世尘之外得到安宁，衷心祝福厦门大学健在的会计泰斗们身体健康。

能与两位聪明靓丽的女士梁丽珍同学和陈春梅同学共同受教于傅老师门下，并且得到她们的帮助是我的荣幸，也感谢张金若、朱雨龙、庄智华、况学文、李春江、翁洪波、王荣昌等同学给我提供的帮助，永远铭记与陈俊、马笑芳、蒋楠、莫长炜、林泉、于国旺、陈丁嗣以及厦门大学管理学院 05 级所有博士生同学三年间带给我的快乐回忆；感谢李培功博士帮我发现文中的许多疏漏，同时也谢谢师妹黄茵、庄晓丹及师弟应雄林为我核对文稿。

感谢江苏科技大学葛世伦副校长，经济管理学院吴君民院长，会计系施金龙、狄为主任及其他同事给我攻读学位期间的支持和帮助。

亲人背后的支持使我能清心寡欲、贫守一方书斋。学业的完成承载了年近七旬的父母双亲一辈子的期望和心血。感谢爱人吴水娟女士几年来的默默奉献。丁亥岁末出世的爱子晗桢更是给我完成学业增添了动力。

本书得以出版要感谢江苏省社科基金（10EYC022）和江苏高校哲学社会科学基金（09SJB630021）的资助及江苏科技大学经济管理学院的资助，感谢苏翔院长、吴君民书记一直以来的关心和鼓励；也同时感谢盛永祥老师不厌其烦的鼓动及江苏大学出版社柳艳女士付出的辛劳。当然，文责由著者自负。